中国禅宗典籍丛刊

禅苑清规

[宋]宗赜 著
苏 军 点校

中州古籍出版社
·郑州·

图书在版编目（CIP）数据

禅苑清规 /（宋）宗赜著；苏军点校．—郑州：中州古籍出版社，2001.10（2024.12 重印）
（中国禅宗典籍丛刊）
ISBN 978-7-5348-2018-2

Ⅰ.①禅… Ⅱ.①宗…②苏… Ⅲ.禅宗–戒律 Ⅳ.① B946.5

中国版本图书馆 CIP 数据核字（2001）第 039855 号

CHANYUAN QINGGUI
禅苑清规

策划编辑	卢海山　刘　晓
责任编辑	高林如
责任校对	温向苏
美术编辑	曾晶晶

出 版 社	中州古籍出版社（地址：郑州市郑东新区祥盛街 27 号 6 层　邮编：450016　电话：0371-65723280）
发行单位	河南省新华书店发行集团有限公司
承印单位	河南大美印刷有限公司
开　　本	890 mm×1240 mm　1/32
印　　张	7.875
字　　数	170 千字
版　　次	2001 年 10 月第 1 版
印　　次	2024 年 12 月第 4 次印刷
定　　价	25.00 元

本书如有印装质量问题，请联系出版社调换。

总　序

在中国传统文化中，儒学、佛教和道教鼎足而立，是三个最主要的组成部分。它们在相互排斥的同时又相互吸收，共同丰富和发展了中华民族的文化。

佛教本是从印度传来的外来宗教，然而它在中国这块辽阔丰饶的具有悠久历史文化的国土上传播，经过漫长岁月，已经与中国传统文化和宗教习俗密切结合，演变成中国的民族的主要的宗教。隋唐时期具有民族特色的佛教宗派的创立，标志着佛教中国化历程的基本结束，此后进入中国佛教的持续发展时期。在这些佛教宗派中，天台宗、华严宗和禅宗是最富有民族特色的宗派。在它们的蕴涵深刻哲学思辨内容的教义理论中，有说色空、色心和体用相即的宇宙存在论，有论善恶、净染的心性论，有讲出世不离世间的修行解脱论，有用以沟通色空、色心和体用的"不二"的方法论……这些在中国历史文化，特别是在哲学思想领域都产生过极为深远的影响。研究中国历史文化，研究中国哲学思想都离不开对佛教的考察和研究，这早已成为人们的共识。

禅宗虽奉北魏时期来华的印度僧菩提达摩为初祖，但从历史真实情况考察，实际创立者应是被后世禅宗奉为四祖、五祖的道信（580~651）和弘忍（602~675）。在弘忍去世之后，他的门下形成以神秀（约606~706）及其弟子普寂（651~739）为代表的北宗，以惠能（638~713）及其弟子神会（668或686~760）、行思（？~740）、怀让（677~744）为代表的南宗。在"安史之乱"（755~763）后，北宗逐渐衰微以至湮灭无闻，而南宗则迅速传遍大江南北，日益昌盛，并在唐末五代形成禅门五宗——临济宗、沩仰宗、曹洞宗、云门宗、法眼宗。进入宋代，临济宗又分成杨岐、黄龙二派。两宋是禅宗发展史上的鼎盛时期，它一跃而成为中国佛教宗派中的主流派，在当时社会的各个阶层和文化思想领域都有很大的影响。此后，中国儒、释、道三教日益会通融合，佛教内部各宗也互相融通，禅宗与净土念佛信仰的结合最为密切，以至形成"念佛禅"。

  禅宗虽标榜"以心传心，不立文字"，但从实际情况来看，它的文字著述最多，形式也多种多样，其中禅法语录最多。记录惠能言行的语录有《六祖坛经》，记录神会言行的语录有《菩提达摩南宗定是非论》等，此后怀让、马祖、怀海、希运以及禅门五宗的创始人义玄、灵祐和慧寂、良价和本寂、文偃、文益，后世各宗著名禅师几乎都有语录行世。语录有别集，有合集。在语录集子中既有禅师在开堂、上堂、小参、普说等各种场合的说法记录，也有师徒间的答问；有对前人公案的评说——拈古，也有评述这些公案的偈颂——颂古；有代前人回答质询的代语，也有在前人答语之外另作答语的别语；还有书信、法语、序跋、碑铭、题赞、札记、遗表等。在语录中，有贴近当时民众的通俗白话，有含意清丽玄远的诗偈；在语录外，有卷帙浩繁的史传，包括以语录为主的灯史、以记事为主的传记、按编年记述的通史。此外，还有论议、杂著、清规等。这些数量庞大的禅宗文献，无疑是我国宝贵的文化遗产。

我国在20世纪70年代末实行改革开放政策以后，随着社会科学界对宗教研究的深入展开，在对佛教文献的研究和整理、出版方面也取得很大的成绩，为从事佛教研究的人员和社会上广大读者提供了不少经过校订注释的有价值的佛教参考资料。然而在大量佛教文献面前，为了让研究者和读者使用方便，有必要按类别选择其中最重要的文献进行研究和整理，分阶段地做校勘、标点和注释出版。

现在奉献在诸位面前的《中国禅宗典籍丛刊》是一套中国禅宗系列的文献选编，其中收录了中国禅宗的部分重要史书、语录和清规等文献，皆请学者依据较好的版本做了校勘、分段和标点，并且一律改用现在通用的简化字。虽然所收文献的数量不是很大，但在目前公开出版的禅宗著述较少的情况下，这一套丛书的出版一定会给从事佛教禅宗研究和中国哲学、文史研究的学者和广大读者带来不少方便。我们深知此项工作并非轻而易举，希望边工作边改进，谨望读者今后经常给我们提出建议，不吝赐教，以便把这一工作做得更好。

杨曾文
1998年2月9日

点校凡例

《禅苑清规》是宋代僧人宗赜编集而成的一部禅宗丛林清规著作,它上继《百丈清规》,是中国佛教现存最早的清规典籍,对宋元时期中国佛教寺院礼仪制度的发展发挥了重要影响,为研究宋元以后中国佛教的发展提供了十分重要的材料,具有很高的史料价值,有重新整理、研究、出版的必要。

一、此次出版,以《大日本续藏经》第63册所收的宋嘉泰二年重刻的《重雕补注禅苑清规》为底本,以日本《金泽文库资料全书》第一卷所收嘉泰二年再刻本写本为校本,校记中简称"金本"。

二、底本(《大日本续藏经》本)出版时,曾做过一些校勘,但所据校本是什么没有说明。为使读者得到更多的资料,此次整理出版,将底本上原有的校勘基本采用,具体情况随文说明。

三、《禅苑清规》与德辉的《敕修百丈清规》有一种特殊的关系,《敕修百丈清规》的一些章节是从《禅苑清规》中照搬而来的。此次整理遇到这种情况时,参校了《敕修百丈清规》的内容。

四、本书正文为校勘整理之后选定的准确文字，如有异文、错讹、缺漏等诸问题时，一律在校勘记中加以说明。

五、底本目录原位于宗赜的序文之后，此次整理将之调整到了前面。

目 录

禅苑清规序	1
卷第一	
受戒	1
护戒	2
办道具	3
装包	3
旦过	5
挂搭	5
赴粥饭	9
赴茶汤	14
请因缘	16
入室	17
卷第二	
上堂	19
念诵	20
小参	22

结夏	24
解夏	26
冬年人事	28
巡寮	29
迎接	30
请知事	30

卷第三

监院	35
维那	36
典座	39
直岁	40
下知事	40
请头首	41
首座	42
书状	43
藏主	44

卷第四

知客	47
库头	48
浴主	49
街坊水头炭头华严头	50
磨头园头庄主廨院主	50
延寿堂主净头	52
殿主钟头	53

圣僧侍者炉头直堂 ··· 54
　　寮主寮首座 ··· 56
　　堂头侍者 ·· 57

卷第五
　　化主 ·· 59
　　下头首 ··· 62
　　堂头煎点 ·· 62
　　僧堂内煎点 ··· 66
　　知事头首点茶 ·· 68
　　入寮腊次煎点 ·· 69
　　众中特为煎点 ·· 70
　　众中特为尊长煎点 ·· 71

卷第六
　　法眷及入室弟子特为堂头煎点 ·························· 73
　　通众煎点烧香法 ··· 75
　　置食特为 ·· 75
　　谢茶 ·· 76
　　看藏经 ··· 76
　　中筵斋 ··· 77
　　出入 ·· 79
　　警众 ·· 80
　　驰书 ·· 85
　　发书 ·· 86
　　受书 ·· 87

将息参堂 ··· 87
卷第七
　　大小便利 ··· 89
　　亡僧 ··· 90
　　请立僧 ··· 95
　　请尊宿 ··· 96
　　尊宿受疏 ··· 97
　　尊宿入院 ··· 98
　　尊宿住持 ··· 99
　　尊宿迁化 ·· 100
　　退院 ·· 102
卷第八
　　龟镜文 ·· 104
　　坐禅仪 ·· 108
　　自警文 ·· 110
　　一百二十问 ·· 110
　　诫沙弥 ·· 114
卷第九
　　沙弥受戒文 ·· 116
　　训童行 ·· 124
卷第十
　　劝檀信 ·· 130
　　斋僧仪 ·· 131
　　百丈规绳颂 ·· 131

新添滤水法　并颂 …………………………………… *145*
附编一
　　关于百丈生平的资料 …………………………………… *155*
　　长芦宗赜禅师生平资料 ………………………………… *167*
　　宗赜现存其他著作录文 ………………………………… *170*
　　诸清规序 ………………………………………………… *184*
附编二
　　宗赜及《禅苑清规》的内容与价值 …………………… *191*
主要参考书目 ……………………………………………… *234*

禅苑清规序

<blockquote>
真定府十方洪济禅院住持①
传法慈觉大师　宗赜　集
</blockquote>

夫禅门事例，虽无两样毗尼；衲子家风，别是一般规范。若也途中受用，自然格外清高。如其触向面墙，实谓减人瞻敬。是以佥谋开士，遍摭诸方，凡有补于见闻，悉备陈于纲目。噫，少林消息，已是剜肉成疮；百丈规绳，可谓新条②特地。而况丛林蔓衍，转见不堪；加之法令滋彰，事更多矣。然而庄严保社，建立法幢③，佛事门中，阙一不可。亦犹菩萨三聚，声闻七篇，岂立法之贵繁，盖随机而设教。初机后学，冀善参详；上德高流，幸垂证据。崇④宁二年八月十五日序。

昨刊此集，盛行于世。惜其字画磨灭，今再写作大字，刻梓以传。收者幸鉴。嘉泰壬戌虞八宣教谨咨。

【校记】

① "持"，底本作 "待"，据金本改。

② "条",金本作"修"。
③ "幢",金本误作"憧"。
④ "崇",底本作"祟",据金本改。

卷第一

受 戒

　　三世诸佛，皆曰出家成道；西天二十八祖、唐土六祖，传佛心印，尽是沙门。盖以严净毗尼，方能洪①范三界。然则参禅问道，戒律为先。既非离过防非，何以成佛作祖。受戒之法，应备三衣、钵具，并新净衣物。如无新衣，浣染②令净。入坛受戒，不得借借③衣钵。一心专注，慎勿异缘。像佛形仪，具佛戒律，得佛受用。此非小事，岂可轻心。若借借衣钵，虽登坛受戒，并不得戒。若不曾④受，一生为无戒之人。滥厕空门，虚消信施。初心入道，法律未谙，师匠不言，陷人于此。今兹苦口，敢望铭心。既受声闻戒，应受菩萨戒。此入法之渐也。

【校记】

① "洪"，《百丈清规》引作"弘"。

② "浣染"，据底本校记，"一作洗涤"。

③ "借借"，金本作"借贷"，下同。

④ "曾"，底本作"增"，《百丈清规》引作"曾"。据金本、《百丈清规》改。

护 戒

受戒之后，常应守护。宁有法死，不无法生。如小乘《四分律①》四波罗夷、十三僧伽婆尸沙、二不定、三十尼萨耆、九十波逸提、四波罗提提舍尼、一百众学、七灭净，大乘《梵网经》十重、四十八轻，并须读诵通利，善知持犯开遮。但依金口圣言，莫擅随于庸辈。如不应食葱韭薤蒜圞荾、酒肉鱼②兔及乳饼酥酪，用蚑蟭③卵、猪羊④脂，并不应食。如遇病缘，宁舍⑤身命，终不以酒肉俗味毁禁戒、非时食小食、药石与果子、米饮、豆汤菜汁之类，如非斋粥二时，并是非时之食也，并宜严⑥禁。财色之祸，甚于毒蛇，尤当远离。慈念众生，犹如赤子。语言真实，心口相应。读诵大乘，资发行愿。尸罗清净，佛法现前。皮之不存，毛将安傅。故经云：精进持净戒，犹如护明珠。

【校记】

① "律"，《百丈清规》作"律云"。
② "鱼"，金本作"冥"。
③ "蟭"，金本无。
④ "猪羊"，金本后有"蹖"字。
⑤ "舍"，金本作"拾"。
⑥ "严"，底本作"服"，据金本改。

办①道具

将入丛林，先办②道具。所谓汭③山笠、拄杖、戒刀、祠部筒、钵囊④、鞋袋内安⑤布帕一条，为脚布、枕子、铃口鞋、脚绊、前后包巾、白绢复包、条包、枕袋、盖包、小油单、柿油单、布卧单、绵被、净巾三条一盖被，一吃食，一常用、小净瓶、浴巾、浴裙、函柜、小锁。如茶器并其余衣物，并随家丰俭。

【校记】

① "办"，底、金本作"辨"，据文意改。
② "办"，底、金本作"辨"，据文意改。
③ "汭"，底本作"为"，据金本改。
④ "囊"，底、金本作"橐"，据文意改。
⑤ "安"，据底本校记，"一作衣"。

装 包

前包内安僧衣手帕复讫，坐①具裹之，偏衫或夹袄、背心，应系净衣，前包内安置。后包内安被单、绵衣、衬汗，应系触衣之类。先用白绢复，复讫入包。包枕袋内安浴巾、浴裙。笠子内安圣像、经文、茶器之类。

装包之法，当系裙在偏衫之上，先上前包，次系包枕，次打后包，次络右肩，挂钵于左腋下，钵口向身，次络左肩，挂鞋袋于右腋下，先插戒刀于右腋下，次插祠部筒于左腋下祠部袋用条或带络肩上，更用条带一条横系腰间。如未打后包，以前系挂定，倒翻起祠部筒，然后上②后包，更是便，次系包条然后插枕子、茶筒、净瓶放条上，在前包左右安置之。

戴笠之法，右手仰把笠缘，提起旋转安顶上。平戴为最，不得前仰后低，或左右倾侧。

下笠之法，亦当仰手旋转下之。只用右手仰把笠缘，当右肩提之。

拄杖之法，有枝者为触头，无枝者为净头，行时净头在前，右手携之。如下笠时，在左手内路上逢人，如略问讯，仰左手把拄杖，仰右手下笠，敛笠杖当胸。

离寺之法，与同袍叙别讫，于三门外檐下上笠。

入寺之法，于三门外檐下下笠，左手携杖，乃③垂杖头。右手提笠当右肩。如遇同袍，敛笠近胸，表敬而已。

如便挂搭，于僧堂前门南床上，先仰安笠子，次以柱杖安床当上当字去声，净头在北④。先取净瓶、茶筒、枕头安笠内，次解包条，亦安笠内，以鞋袋安地上，钵囊安笠上，解后包并包枕安床上。次下前包安笠内，或安后包单上，先取袈裟、坐具出，然后将枕子、包条、包枕、前包都入后包内系缚讫，将净巾，携鞋袋后架，洗足具鞋袜，却以鞋袋盛草鞋安床下，布巾净手讫，搭袈裟，袖祠部，诣堂司相看。挂搭了，如堂中有函柜，即收拾行李安函柜中锁之，笠子、拄杖归寮。如堂中无函⑤柜，收行李赴寮人事了，听寮主、首座指授处所相看毕，挂钵安被于僧堂内，茶筒、文字置寮中案上。

【校记】

① "坐",金本作"座"。
② 金本"上"后有"为条"二字。
③ "乃",金本作"仍"。
④ "北",金本误作"此"。
⑤ "函",金本作"亟"。

旦　过

入门先问旦过所在。入寮解卸讫,具威仪,到客位云:"暂到相看。"知客出,各触礼三拜,暂到辞云:"此际经过,幸获瞻对。"知客辞云:"川途跋涉,到来不易。"随后知客皆诣寮回礼。如看住持人,亦当诣寮回礼。若欲挂搭,歇一两日,诣堂司相看。

挂　搭

具威仪,袖祠部如二人已上,则推一人人事精熟或戒腊高者为参头,于堂司相看。寻行者报维那云:"新到相看。"相见各触礼三拜。吃茶罢,起身近前云:"久向道风,此者特来依栖左右,且望慈悲。"维那云:"山门多幸,特荷光临。"乃各人依戒腊次第,呈祠部与维那。维那①收讫次第安箱内,新到触礼一拜云:"此际多幸,深谢温存。"维那答一拜云:"管②待萧疏,且希以道为念。"不吃汤，维那送出堂司云："请上座归堂挂搭。"

新到于僧堂前门南颊而入圣僧前参头在北边立定，大展三拜，收坐具，从首座位巡堂一匝，却到圣僧前问讯毕，于前门内南颊床下板③头第三位次第而坐。维那依戒腊上床历讫，令行者箱内托祠部，相随入堂有处维那先于圣僧前烧香。新到起身床前立，相问讯了，维那次第过祠部讫，于板④头面东南触礼一拜，新到亦触礼一拜，维那依戒腊次第挂搭。触礼一拜，维那常占上手如前门北颊，维那面东北。如前门南颊，即面东南。如后门北颊，即面西北。如后门南颊，即面西南也。

挂搭讫，维那出有处出前门，有处出后门，新到相送后门出者，新到不过门限。前门出者，门外相别。维那云："请某上座于某上座于某寮抽解。"问讯而别。

新到归寮，寻寮主云："新到相看。"见寮主各触礼三拜。茶罢，参头以下起身近前云："维那指挥，令入上寮依栖左右。"于是寮主看详戒腊高低，指参头以下一例就看读床按挂搭，各触礼一拜。

新到于圣像前次第立定，问讯讫，巡寮罢，乃寻寮中首座相看，各人触礼三拜，取行李，咨问寮主、首座安排。乃上堂头看侍者未用作礼云："亲到礼拜和尚，相烦侍者咨报。"如堂头人客相看或歇息，即延客茶汤。如无阻节，便可引领，即未用点茶。侍者乃问："上座是入室弟子否？是法眷否？"如不⑤是入室并法眷，即一道相看。若是入室弟子，候新到人事罢，方可相看。侍者乃先报堂头云："若干人新到，若干人入室弟子，若干人法眷⁶礼拜。"然后引入。新到两展三礼⁷，如在上法眷，亦两展三礼⁸，所以还住持人公界之礼也然住持人不当受礼，亦不可触礼，住持人但云"少间诣寮礼拜"。当选近上寮舍安排。住持人诣寮回礼，如亲密尊长，即大展九礼，免则两展三礼，又免则触礼三拜。如法眷稍疏，即两展三礼，或触礼三拜。如至亲法眷，不论尊卑，知事、头首、小师行者，并合人事。

入室弟子洎法眷卑行，并大展九拜，或两展三拜。参头曲躬近前云："久向和尚道价，此日获奉尊颜，下情不任喜跃之至。"退身依位，又一展云："某寒暄伏惟和尚尊体起居万福正月孟春犹寒，二月仲春渐暄，三月季春极暄，四月孟夏渐热，五月仲夏毒热，六月季夏极热，七月孟秋犹热，八月仲秋渐凉，九月季秋霜冷，十月孟冬渐寒，十一月仲冬严寒，十二月季冬极寒。"入室弟子云："久违和尚慈诲，此日获奉尊颜。"法眷云："久承和尚法荫，此日获得尊颜，下情无任，及寒暄同前。"茶汤罢，乃看侍者、库司、首座、书记、藏主、知客云："此日多幸，获遂依栖。"略叙寒暄各触礼三拜，如曾作暂到，知客处更不作礼，询问久住。如浴主有煎点，即看浴主，及询问法眷兄弟，相看礼拜。

三日内常在寮中及僧堂内守待请唤茶汤，不得闲游，免令寻觅。侵⁹晨早起，恐请者喧众有处住持人、知事、头首当日就寮回礼新到，但问讯而退，更不就座⑩。知事、头首于诸寮相看，并居客位，唯住持人可居主位。新到并出门迎送。

若欲起离，须守堂仪半月，并点入寮茶讫，或圣节上殿罢。临行告白寮主并上下肩，方可前去。

如名德人入院挂搭，住持人并维那、知客同送入独寮安下，次则维那送入。或从众寮内迁出，或自监院、首座、藏主退下于独寮抽解，并须于堂头谢寮，或大展，或两展三拜，或触礼三拜，礼数随宜。次谢维那，或问讯，或触礼三拜。至起移日，却于方丈及维那处退寮，礼数随宜同前。户钩鱼钥，并当面呈纳维那，方可前去。

新到挂搭，如经本院曾作知事、头首、化主，并于前资寮抽解。诸方办⑪事才德之人并命服师名者，并于上寮安排。自两人以上，更不谢寮退寮。

结夏未终，堂仪未满，实有急干，须白堂头请假，不得擅便前去，山门当有重罚。若请假游山，若过半月，须呈祠部，再守堂仪。

判凭式：某院褐紫衣僧某，右某所有某年文帐在某寺院供申，今执本名度牒、六念戒牒共三本全，赴使衙呈验，欲判公凭，往某处巡礼为地头，伏讫某官特赐笔命施行，伏候台旨或指挥。谨状年月用院印日。具前位某状。

批凭式：具位同前，右某伏为昨于某月某日于某处起判公凭，往某处巡礼为地头，今为气疾⑫发动，前去未得，恐违公凭程限，伏讫批凿，未敢专擅，伏候裁旨。谨状年月不用印日，具前位某状。

【校记】

① "维那"，金本无。
② "管"，底本作"官"，据金本改。
③ "板"，底本作"版"，据金本改。

④"板",底本作"版",据金本改。

⑤"不",金本作"不见"。

⑥"眷",底本作"属",据金本改。

⑦"礼",据底本校记,"一作拜"。

⑧"礼",据底本校记,"一作拜"。

⑨"侵",金本作"寝"。

⑩"座",金本作"坐"。

⑪"办",底、金本作"辨",据文意改。

⑫"疾",据底本校记,"一作候"。

赴粥饭

　　粥饭坐位,须依戒腊资次。早晨开静之后,斋①时三下已前,先于食位就坐,候长版鸣及打三下,即起身下钵旧说不得过三位,放钵须当上肩。打木鱼已后,并不得入堂。

　　入堂之法,前门入者,并从南颊入先举右足,所以不从北颊入者,尊住持人也后门入者,上间坐即北颊入,先举左足;下间坐即南颊入,先举右足。于圣僧前问讯讫坐。

　　上床之法,问讯邻位,先以右手敛左边衣袖,腑下压定;复以左手敛右边衣袖略提②,然后两手提面前袈裟,次并以左手提之,即踏床近里而坐,然后弃鞋。先以左手托床,次先缩左脚上床,次收右脚,举身正坐,左脚压右脚,敷袈裟盖膝上,不得露内衣,亦不得垂衣坐床缘,须退身一钵许地,以明护净一安袈裟,二展钵盂,三头所向,是名三净。

监院、维那、直岁、侍者等在堂外上间，知客、浴主、炭头、街坊、堂主等在堂外下间。

鸣鼓三通，住持人赴堂，知事、头首依位问讯。堂前鸣钟，大众同下床。住持人入③堂问讯圣僧罢，与大众问讯，然后就位，复问讯讫，住持人就座，大众方可上床。侍者沙弥④参随住持人下堂外排立，候大众坐，一时问讯，然后侍者入桌⑤子问讯出。次后维那入堂，圣僧前问讯罢烧香，就砧⑥槌边立，大众展钵洪⑦济添打槌一下云：大众各念《心经》三卷，回向某人。诸方设土地粥，方有此一槌。

如遇吉凶斋设，行香罢跪炉次，槌一下云：

稽首薄伽梵，圆满修多罗，

大乘菩萨僧，功德难思议。或云：

佛法僧宝，最胜良田，凡所归投，皆彰感应。或云：

水澄秋月现，恳祷福田生。唯有佛菩提，是真归仗处。盖槌边不可诵长偈也。

"今晨修设有疏，恭对云堂，代伸宣表，伏惟慈证。"宣疏罢云⑧："上来文疏已具披宣，圣眼无私，谅垂昭鉴，仰凭尊众念良久云'清净法身'等。"下槌太疾，即打着佛脚。下槌太慢⑨，则打着佛头。如遇寻常填设，即白槌云"仰惟三宝咸赐印知"，更不叹佛也。

十声佛罢，良久打槌一下，首座施食粥云：粥有十利，饶益行人，果报生天，究竟常乐。又云：粥是大良药，能除消饥渴，施受获清凉，共成无上道。斋云：三德六味，施佛及僧，法界人天，普同供养。馔饭云：施者受者，俱获五常，色力命安，得无碍辩。已上并引声高唱也。

　　施食讫，行者喝食入喝⑩食须言语分明，名目不赚。若有差误，受食之法不成，须令再唱。行食太速，受者仓卒。行食太迟，坐久生恼。食遍，维那白槌一下，首座接食观想讫，大众方食。维那于圣僧帐后转身，问讯首座乃请首座施财，却归本位。打槌一下，首座施财喝⑪云：财法二施，等无差别，檀波罗蜜，具足圆满，库头或维那次第行儭⑫轻手放僧前单上，意在恭敬。众僧合掌受儭⑬，不得眼觑，及不得将儭⑭钱掷被位作声，斋毕收之。

　　展钵之法，先问讯，解复帕，取钵拭叠令小，及匙箸袋当面近身横放，次展净巾盖膝，开复帕，及叠三角向里令齐整，一角垂床缘。先以两手开钵单，覆右手把向身，单缘盖钵盂上，即仰左手取钵安单上左边，以两手头指拼⑮取镟子，从小次第展之，不得作声。如坐位稍窄，只展三钵。次开袋取匙箸取则先箸，入则先匙，安横于头镟之后。匙箸头向上肩，钵刷安下肩单外缘，刷柄向外，以待出生。

　　行食之法，当净人自行，僧家不得自手取食。净人行食，礼合低细，羹粥之类，不得污僧手及钵盂缘。点杓三两下，良久行之，曲身敛两手当胸，粥饭多少，各随僧意。

　　受食之法，两手捧钵，低手离钵单，平钵受之。应量而受，不得有余。维那未白遍槌，不得擎钵。先作供养，候闻遍槌，合掌揖食。次作五观一、计功多少，量彼来处；二、忖己德行，全缺应供；三、防心离过，贪等为宗；四、正事良药，为疗形枯；五、为成道故，应受此食也，然后出生未作五观，非已食分，不得出生。偈云：汝等鬼神众，我今施汝供，此食遍十方，一切鬼神共。

吃食之法，擎钵就口，不得将口就食。钵⑯盂外边半已上名净，半已下名触。以头指安钵内，第二第三指傅钵外，第四第五指不用。镢子亦如之。取钵放钵及拈匙箸，不得有声。《四分律》云：正意受食，平钵受羹饭。羹饭俱食，以次食，不得挑钵中央食，无病不可得为己索羹饭，不得以饭覆羹更望得，不得视比座⑰钵中起嫌心。当系钵想食，不得大抟饭食，不得张口待饭食，不得含食语，不得抟饭掷口中，不得遗落⑱饭食，不得颊饭食，不得嚼饭作声，不得噏饭食，不得舌舐食，不得振手食，不得手把散饭食，不得污手捉食器。已上律文，并宜遵守，亦不得抓头，令风屑堕盂镢中。亦不得摇身捉膝踞坐欠伸⑲及搔鼻作声。如欲嚏喷，须当掩鼻；如欲挑牙，须当掩口。菜滓果核，安镢钵后屏处，以避邻位之嫌。如邻位钵中有余食及果子，虽让不得取食。及邻位有怕风之人，不得使扇如自己怕风，白维那堂外吃食。或有所⑳须，默然指授，不得高声呼取。食讫钵中余物，以钵拭净而食之。钵头受水，次第而洗，仍不得于头钵内洗镢子。次第拭钵镢令极乾，匙箸洗拭盛袋内。钵水之余，不得沥床下。弃钵水真言曰：唵，摩休罗细莎诃。头钵以下，以两手大指拼㉑安钵内，仰左手把钵，取安帕㉒复中心，覆右手，把近身单缘盖钵盂上，两手叠单安钵口，次以向身帕角覆钵上，又以垂床缘帕㉓角向身覆之，然后叠净巾兼匙箸袋。钵刷在帕㉔上，以钵拭覆之。覆钵盂讫，闻下堂槌，念食讫偈饭食讫已色力充，威震十方三世雄，回因转果不在念，一切众生获神通。住持人出，起身挂钵，令挂搭单齐整，蹲身踞床坐，然后左手敛后裙㉕衣，衬体覆床缘，徐徐垂足而下,不得跨床便下。如堂内大坐茶汤,出堂入堂、上床下床,并如此式。

粥后放参,即住持人出堂,打放参钟三下。如遇早参,更不打钟。如为斋主,三下后升堂,亦须打放参钟。大坐茶汤罢,住持人圣僧前问讯出,即打下堂钟三下。如监院、首座入堂煎点,送住持人出,却来堂内圣僧前,上下间问讯罢,盏橐出,方打下堂钟三下,大众方可下床。出堂威仪,并如入堂之法。

【校记】

①③ "斋",金本误作"齐"。自"时三下已前"至"住持人入",金本缺。

② "提",底本作"提提",衍。

④ "弥",金本作"称"。

⑤ "桌",底本作"卓",金本作"掉",据文意改。

⑥ "砧",底本作"站",据金本改。

⑦ "洪",金本作"供"。

⑧⑯ 自"宣疏罢云"至"钵"字,金本缺。

⑨ "慢",底本作"漫",据文意改。

⑩ "喝",据底本校记,"一作唱"。

⑪ "喝",据底本校记,"一作唱"。

⑫ "傃",底本作"衬",今正作"傃"。

⑬ 同上。

⑭ 同上。

⑮ "拼",据底本校记,"一作迸,一作并"。
⑰ "比座",金本作"此坐"。
⑱ "落",金本作"溶"。
⑲ "欠伸",据底本校记,"一作咳呻"。
⑳ "有所",金本作"所有"。
㉑ "拼",据底本校记,"一作迸,一作并"。
㉒ "帕",金本作"怕"。
㉓ "帕",金本作"怕"。
㉔ "帕",金本作"怕"。
㉕ "裙",金本作"裾"。

赴茶汤

院门特为茶汤,礼数殷重,受请之人,不宜慢易。既受请已,须知先赴某处,次赴某处,后赴某处。闻鼓板①声,及时先到。明记坐位照牌,免致仓遑错乱。如赴堂头茶汤,大众集,侍者问讯请入,随首座依位而立。住持人揖,乃收袈裟,安详就座。弃鞋不得参差,收足不得令椅子作声,正身端坐,不得背靠椅子。袈裟覆膝,坐具垂面前。俨然叉手,朝揖主人。常以偏衫覆衣袖及不得露腕。热即叉手在外,寒即叉手在内。仍以右大指压左衫袖,左第二指压右衫袖。侍者问讯烧香,所以代住持人法事,常宜恭谨待之。安详取盏橐,两手当胸执之,不得放手近下,亦不得太高。若上下相看一样齐等,则为大妙。当须②特为之人,专看主人顾揖③,然后揖上下间。

吃茶不得吹茶，不得掉盏，不得呼呻④作声。取放盏橐，不得敲磕。如先放盏者，盘后安之，以次挨⑤排，不得错乱。左手请茶药擎之，候行遍相揖罢方吃。不得张口掷入，亦不得咬令作声。茶罢离位，安详下足问讯讫，随大众出。特为之人，须当略进前一两步问讯主人，以表谢茶之礼。行须威仪庠序，不得急行大步及拖鞋踏地作声。主人若送，回身⑥问讯，致恭而退，然后次第赴库下及诸寮茶汤。如堂头特为茶汤，受而不赴如卒然病患及大小便所逼，即托同赴人说与侍者⑦。礼当退位，如令出院，尽法无民，住持人亦不宜对众作色嗔怒寮中客位⑧并诸处特为茶汤，并不得语笑⑨。

【校记】

① "板"，底本作"版"，据金本改。

② "须"，金本作"头"。

③ "顾揖"，金本作"顾揖罢"。

④ "呻"，金本作"呷"。

⑤ "挨"，金本作"捼"。

⑥ "身"，底本作"有"，据金本改。

⑦ "侍者"，金本作"侍者等"。

⑧ "客位"，金本作"腊次"。

⑨ "汤，并不得语笑"，金本无。

请因缘

或半月堂仪罢，或一二日①茶汤罢，各随住持人建立。于入室前，相看侍者，咨问请话，侍者报讫然后入。参头已下面北立定，次第烧香毕，参头出班，当面问讯，转身禅椅西南角。问讯云："某等生死事大，无常迅速，伏望和尚慈悲，开示因缘。"若堂头听许，参头归位，与大众大展三拜，收坐具起，大众转身禅椅西边，东面次第问讯而立。请因缘讫，参头已下依旧位大展三拜，问讯出有处咨闻三拜，陈谢六拜，共九拜。有处咨闻、陈谢各六拜，共十二拜。咨闻辞云："伏蒙和尚慈悲，特赐开允，下情无任喜跃之至。"谢辞云："某等宿生庆幸，已蒙和尚慈悲开示因缘，下情无任感恩激切之至。"却下就寮陈谢侍者，或各触礼一拜，或只问讯而已或有处大众立定，只参头一人烧香咨闻讫归位，与大众大展三拜，然后问讯罢，同转身请话毕，参头已下次第烧香，当面依位立，大展三拜或六拜。

如上轨则，各逐家风，须问侍者，依而行之。不得执见檐板②令主人怪怒新挂搭人如旧曾问讯，即于入室时烧香禀问云："告和尚慈悲，乞依旧入室。"允则大展三拜云："伏蒙慈悲，特赐开允，下情无任感激之至。"又退身三拜，如免，只大展三拜。③

【校记】

① "日"，据底本校记，"一作月"。
② "板"，底本作"版"，据文意改。

③ "请因缘"一节,金本全缺。

入 室

或分廊,或分寮,或隔日,或排日,或早或晚,各逐住持人建立。入室时到,侍者令行者装香,当面设拜席有处不拜,更不展席竟,咨禀住持人。如有指挥入室,则挂入室牌,或持鼓,或打板①,或敲入室牌警集大众。住持人坐,侍者方丈外东边叉手立。如众稍集排立定,或一行面东,或两行相对,侍者入方丈,当面问讯,转身禅椅东边香台后,面南立。先问讯,左手上香问讯讫,当面问讯,出于大众前,问讯请入室。侍者归寮,入室人略转身问讯。大众依次第叉手而进,不得搀前,令众动念。于方丈门右边入,先举左足。当面问讯讫,转身叉手,禅椅西面角问讯而立。又先问讯,然后②吐露消息,不得语话多时,亦不得说世谛闲话,久滞大众。吐露竟,问讯退,当面礼拜有处一拜,有处三拜,有处大展,有处触礼。面东转身,叉手从左边出。先举左足,所以避后来之人,免人冲撞。出方丈外,望住持人问讯乃去。至③大众前,又问讯而出。或作两行入室,入门便分两向,东西次第送进有处或举话或通话或请益,各分一④时,不许相杂。有处混而为之。大众入室竟,侍者入室,仍卷席而退入室礼合烧香,烧香之法,初入方丈,当面问⑤讯讫,转身叉手,于香台南去向住持人问讯,右手上香,当面问讯,禅椅角立。今以滞时妨众,故不烧香。有处门外设席,一拜而退⑥,亦恐⑦妨众也。入室人常令衣服浣⑧净,无带垢腻。及令威仪齐整,举止安详,以表敬重人之意也。晓喻侍者，非紧急人客、要切事务，于入室⑨时不得通报。仍令行者，不得出声说话，敲磕喧众。

重雕补注禅苑清规卷第一
武夷虞知府宅书局刊行

【校记】
① "板"，底本作"版"，据文意改。
② 本节自开始至"然后"二字，金本缺。
③ "至"，金本无。
④ "一"，金本作"二一"。
⑤ "问"，金本作"间"。
⑥ "退"，金本无。
⑦ "恐"，金本作"过恐"。
⑧ "浣"，底本作"完"，据金本改。
⑨ "室"，底本作"堂"，据金本改。

卷第二

上　堂

　　如遇公界上堂早参，粥罢不放参，天明开静，首座率大众坐堂，闻一通鼓，首座、大众上法堂内，次第雁行侧立，近法堂座为上。首座、书记、藏主、知客、浴主于大众前自为一班①，次第而立。自余头首，依众而已。如有退院长老，在首座上相去两位，微侧身，面南而立。第二通鼓，四知事赴参，次第而行，于法堂门内拜席，近南面法座而立，监院在东。童行闻第一通鼓，于库堂前排定，立候第二通鼓，即随知事赴参，问讯法堂大堂②大众，过东边面西而立，以北为上赴参童行，须具鞋袜。第三通鼓，侍者报覆。住持人出，大众普同问讯。住持人升座，于禅椅前立。先侍者问讯烧香侍者即时上法座东边不远，西面侧立也，次首座、大众，转身正望法座问讯，然后归位。次知事近前问讯，与首座等对立，法座为上。然后沙弥、童行转身法座前问讯③讫，依位而立庐山圆通，童行单行入法堂问讯，于东间作三行依位立。知事问讯立，三行童行从南相续行④到法座前立定问讯讫，东边头行者先，次⑤行次第相续，归旧位问讯立也。知客引施主在知事上肩立。以上，主事、从⑥众并雁行立侧。聆住持人下座，大众普同问讯，首座已下巡堂。大众立定,住持人入堂,次知事巡堂。如山门有茶,就位而坐,知事在门外。茶罢。住持人起,打下堂钟。如不点茶,知事巡堂出,祗候住持人,问讯而退。或三下后升堂,早晨依例放参,参后更不巡堂。

凡遇升堂,除寮主、直堂外并赴,违者山门当有重罚,深宜回避。如有他缘急切等事,本非怠慢,赴参稍迟,如住持人已升座,更不须入,亦当回避住持人,勿令见之。大众赴参,不得戴⑦帽子头袖住持人同。如问话人有可笑之事,不得喧堂大笑及破颜微哂,当生殷重,肃听玄音⑧。

【校记】

① "班",金本作"斑"。
② "法堂大堂",金本作"座"。
③ "讯",金本衍作"讯讯"。
④ "行",金本作"齐行"。
⑤ "次",金本无。
⑥ "从",据底本校记,"一作徒",金本亦作"徒"。
⑦ "戴",金本作"载"。
⑧ "音",据底本校记,"一作旨"。

念 诵

三八日,堂司行者斋后禀覆住持人讫,然后挂牌。至时,堂中、大殿、土地堂打叠洒扫,安排香火,鸣钟集众。大众、知事集,住持人从土地堂、大殿、僧堂,次第烧香,唯佛前三礼。住持、知事以下上间立,首座以下下间立,维那敛钟念诵。

初三、十三、二十三念:皇风永扇,帝道遐昌①;佛日增辉,法轮常转。伽蓝土地,护法安②人;十方施主,增福增慧。为如上缘,念清净法身等云云。

初八、十八、二十八念白大众:如来大师入般涅槃,至今皇宋元符二年,已得二千四十七年以后随年增之。是日已过,命亦随减,如少水鱼,斯有何乐。众等当勤精进,如救头燃。但念无常,慎勿放逸。伽蓝土地,护法安③人;十方施主,增福增慧。为如上缘,念清净法身等云云。

念诵罢,住持人先入依位立,首座以下巡堂立,侍者随大众后巡堂,前门下间板④头空处立。知事末后,别作一班,次第巡堂。沙弥不巡堂,在堂外面圣僧立。遇知事、住持人出,躬⑤身问讯。暂到随大众后门内立。退院长老如挂搭者,在首座下一位立。如不挂搭者,依各位立后门北颊与住持人相对。巡堂罢,大众归寮,问讯吃汤竟,却入堂展单下帐如山林,并击大钟。住持人下殿,维那敛钟。大众问讯,相继念诵。⑥

【校记】

①⑥ "昌"字以下至本节结束,金本缺。

② "安",《百丈清规》引作"护"。

③ "安",《百丈清规》引作"护"。

④ "板",底本作"版",据文意改。

⑤ "躬",《百丈清规》引作 "转"。

小　参

五日升堂，激扬宗旨；三八念诵，报答龙神。请益玄言，发明今古；小参家训，纲纪丛林。

夫小参之法，初夜钟鸣，寝堂设位，集知事、徒众。宾主问酬，并同早参。提唱之外，上自知事、头首，下至沙弥、童行，凡是众中不如法度，事无大小，并合箴规。

所谓山门主首，各自分司，无致乱伦，庶图安静。首座朝晚坐堂，早参及时①先赴；知事如无急干，动众自合齐来。各运已长，共兴丛席。一时暂为宾主，终身便是师资。无恃功勤，潜生懈慢。乃至云堂兄弟，直须道业精勤。昼夜谘询，递相雕琢；明识规矩，谙练丛林。游方行脚，自合装包；达信驰书，方宜担笼。作务应归屏处，经宿不得浸衣。不得掉臂摇身，跳行蹲坐，叉腰偃蹇，舞手猖狂。行时先下脚跟，尔乃足趾布地；瞻视常宜尊重，目前不过一寻。往来者切忌穿堂，上下间不得行道。经咒唯宜默诵，数珠不可有声。晨参暮请之时，只得俨然叉手。偏衫下须著内衣，不宜露体衿②口。履鞋礼须穿袜，草履无妨。低打脚绑裙下，无垂裤口。踞坐收足，常须按手搴③裳。叉手当胸，握右手在上；合掌问讯，敛指面相当。衩衣褂④子，不合看经；涕唾便旋，岂宜向塔。睡则带刀右肋，参时雁立侧聆。卧具衣服，常须齐整。非己单席，不得擅移。开单折被，低细用心。背面上床，丛林齿笑。床上行立,礼度乖违。袈裟临卧,净巾叠衬枕前;无卸上衣,缓急提妨贼盗。连床宴坐,不得背靠板⑤头;廊庑经行,切忌高声语笑。堂中聚话夜后,拖鞋揭帘,不垂后手;洗面桶杓喧轰,涕唾有声,惊动清众。裹作丸药,戏玩多言。尊殿上倚靠栏干,浴室内公然裸体。不依本分,主管院门;走扇是非,妄生节目。送亡僧无追惨之怀,遇唱衣有余直之意。论修行不禀尸罗,争坐位方排戒腊。粥饭不曾称意,唯谈他处供须。茶汤受请不来,只怪主人无礼。受人寄附,并合衣盂;亲近后住,侮慢尊德。远别师僧父母,本图问道参禅。若无佛法身心,何以超凡入圣?设有一知半解,不须鼻孔撩天。纵饶广学多闻,正好脚跟著地。有底畏⑥刀避箭,不肯荷负丛林。既非同死同生,可谓辜他先德。况是出家行脚,入众参禅,粥饭茶汤,晨参暮请,语言事业,动止威仪,应系众中规矩,并当委曲提撕;若其缄口无言,迤逦玄纲坠地。后进如蒙法药,应当刻骨铭肌。敛片善以无遗,剔纤瑕而必去。小参之设,意在斯焉。⑦

【校记】

① "及时",底本作"及二时",据文意删。

② "衿",底本作"铃",据文意改。

③ "襄",底本作"寒",据文意改。

④ "褂",底本作"挂",据文意改。

⑤ "板",底本作"版",据文意改。

⑥ "畏",底本作"偎",据文意改。

⑦"小参"一节,金本全缺。

结　夏①

行脚人欲就处所结夏,须于半月②前挂搭。所贵茶汤、人事不至仓卒。四月十四日斋后挂念诵牌,至晚知事豫③备香花法事,于土地前集众念诵词云:窃以薰④风扇野,炎帝司方,当法王禁足⑤之辰,是释子护生之日。躬衷大众,肃诣灵⑥祠,诵持万德洪名,回向合堂真宰。所祈加护,得遂安居。仰凭尊众,长声念云云。又云:念诵功德,并用回向护持正法土地龙神。伏愿神光协赞,发挥有利之勋;梵乐⑦兴隆,永⑧锡无私之庆。再凭尊众,念十方等。略声法事,打鼓赴堂也。知事预令行者祗候,才闻略声法事,即便打鼓。堂司预设戒腊牌,香花供养在僧堂前设之。次第巡堂就位坐,知事人⑨行法事本合监院行事,有故⑩即维那代之。念诵已前先写榜,呈首座请之榜云:库司今晚就云堂煎点,特为首座、大众,聊表结制之仪。伏冀众慈,同垂光降。库司比丘某等敬⑪白。

十五日粥前,知事、头首、小师、法眷先来方丈内人事。如住持人隔宿免人事,更不须上方丈也。升堂罢,知事近前,两展三礼一展云:此际安居禁足,获奉巾⑫瓶唯仗⑬和尚法力资持,愿无难事。又一展叙寒暄,触礼三拜。住持人云⑭:此者多幸,得同安居,亦冀某人等法力相资,无诸⑮难事。首座、大众,皆同此式也。次首座、大众于住持人前两展三礼。是时小师、侍者、童⑯行、法眷、沙弥在一边立,未得与大众雷同人事。大众礼毕,知事先归库堂主位立,首座领大众库司人事,触礼三拜是时小师、侍者、法眷等往法堂上，礼拜住持人⑰。次首座到僧堂前面南向，大众面北，各触礼三拜，依戒腊巡堂立定。知事入堂，圣僧前大展礼三拜起，于首座前触礼三拜，大众答拜，巡堂出。住持人入堂烧香，大展三拜起是时小师于圣僧后避立，法眷随大众。于首座触礼，答拜巡堂同前小师候大众答拜起，却依位立，袛候问讯。住持人出堂，首座已下对礼三拜云：此际幸同安居，恐三业不善，且望慈悲。首座已下归寮。如系⑱众寮寮主，首座已下各触礼三拜，致语同堂中之法。住持人从库堂起巡寮次第，大众相随，送至方丈，大众乃退。然后众僧各行，随意人事。堂头、库司、首座次第⑲就堂煎点，然后堂头特为知事、头首，请首座⑳、大㉑众相伴。次日库司特为书记、头首已下，请首座、大㉒众相伴。然后首座就寮特为知㉓事、头首，请众相㉔伴。自余维那已下诸头首、退院长老、立僧首座㉕特为知事头首，就本寮煎点。

【校记】

① "结夏"二字，金本缺。

② "月"，底本作"日"，据金本改。

③ "豫"，金本作"预"。

④ "薰"，金本作"黄薰"。

⑤ "足"，金本作"定"。

⑥ "灵"，金本作"虚"。

⑦ "乐"，底本作"苑"，据金本改。

⑧ "永"，金本作"亦"。

⑨ "人"，底本作"一人"，据金本改。

⑩ "故"，金本作"改"。

⑪ "敬"，金本作"谨"。

⑫ "巾"，金本作"中"。

⑬ "仗"，金本作"伏"。

⑭ "云"，金本作"云念"。

⑮ "诸"，金本残缺。

⑯ "童"，底本及金本作"卑"，据底本校记"一作童"改。

⑰ "礼拜住持人"，金本作"拜住持人礼"。

⑱ "系"，底本作"候"，据金本改。

⑲ "第"，金本残缺。

⑳ "座"，底本作"请"，据金本改。

㉑ "大"，金本残缺。

㉒ "座、大"，金本残缺。

㉓ "知"，金本作"相"。

㉔ "众相"，金本残缺。

㉕ "首座"，金本残缺。

解　夏

七①月十四日晚，念诵煎汤。来日升堂、人事、巡寮、煎点，并同结夏之仪。唯榜状词语不同而已。库司②汤榜略云：聊表解制之仪。土地堂念诵切③以金风扇野，白帝司方，当④觉皇解制之时，是法岁周圆之日。九旬无难，一⑤众咸安。诵持诸佛洪名，仰报合堂真宰。仰⑥凭大众已下，与结⑦夏念诵同。知事等谢词伏喜法岁⑧周圆，无诸难事。此盖和尚⑨道力荫庇⑩，下情无⑪任感激之至。住持人谢词伏喜⑫法岁周圆，皆谢某人等法⑬力相资，不任感⑭激之至。堂中首座已下、寮中寮主已下谢⑮词九夏相依，三业不善，恼乱大众，伏望慈悲。知事、头首告云⑯：众中兄弟⑰行脚，须候茶汤罢，方可随意如有紧急缘事，不在此限。

【校记】

① "七"，金本残缺。

② "司"，金本残缺。

③ "切"，金本作"功"。

④ "当"，金本残缺。

⑤ "难，一"，金本残缺。

⑥ "仰"，金本残缺。

⑦ "与结"，金本残缺。

⑧ "岁"，金本作"戚"。

⑨ "和尚"，金本残缺。

⑩ "庇"，金本作"林"。

⑪ "情无"，金本残缺。

⑫ "伏喜"，金本作"此者"。

⑬ "等法"，金本残缺。

⑭ "任感"，金本残缺。

⑮ "下谢"，金本残缺。

⑯ "云",金本作"去"。
⑰ "兄弟",金本残缺。

冬年人事

节①前一日,堂头有免人事,预贴僧堂前②。至晚堂内库司点汤冬榜云:聊表至节陈贺之仪。年榜云:聊表改岁陈贺之仪。首尾同前③。堂头就僧堂煎点榜词同前。次日方丈内特为④知事、头首,请大众相伴。次日,知事就库司特⑤为首座已下煎点。首座、维那以次煎点⑥,各就本寮特为如不免人事,即⑦粥前小师等人事。上堂罢⑧,大众等人事、巡堂。

【校记】

① "节",金本残缺。
② "预贴僧堂前",金本作"颂怗僧前"。
③ "首尾同前",金本残缺。
④ "特为",金本残缺。
⑤ "司特",金本残缺。
⑥ "首座、维那以次煎点",金本无。
⑦ "事,即",金本残缺。
⑧ "罢",金本残缺。

巡　寮

　　堂①上挂巡寮牌，寮中寮主、首座设坐位、香花②，或茶③或汤，祗候住持人近，鸣板④集众，于寮外次第⑤向寮门排立问讯，参随住持人入寮。寮主烧香⑥罢，大众问讯，或茶或汤。住持人说事讫临起⑦，寮主近前，展坐具陈谢词云：伏蒙和尚法驾访临，下情不任⑧感激之至。次⑨叙时暄。如不受礼，大众问讯，相送出寮如非⑩解结，且⑪望巡寮，即不⑫须相送巡寮。

【校记】

① "堂"，金本残缺。

② "花"，底本作"华"，据金本改。

③ "茶"，金本残缺。

④ "板"，底本作"版"，据金本改。

⑤ "第"，金本残缺。

⑥ "烧香"，金本残缺。

⑦ "临起"，金本残缺。

⑧ "不任"，金本残缺。

⑨ "至。次"，金本残缺。

⑩ "如非"，金本残缺。

⑪ "旦"，金本作"且"。

⑫ "即不"，金本残缺。

迎　接

近①上尊宿入院，预先集众，门首相迎。大众同上法堂②，住持③、知事、大众次第人事讫，送归客位，却上看住持人；如不入客位，即便看主人。主人相伴巡寮，却回方丈，吃汤而散，然后主人就客位陈谢。如非法属，宾主皆用门状。当日晚参，次日升堂，置食特为。如平交已下，即临事看详。

接④官之法监司、守令，方动众迎接。知事在三⑤门外，首座已下在三门内，从外为上。

送官之法，首座、大众从内为上，并须齐整，不得参差。如接送官员，住持人在法堂上。

【校记】

① "近"，金本残缺。据底本校记，"一作迎"。
② "堂"，金本无。
③ "持"，金本作"侍"。
④ "接"，金本作"按"。
⑤ "三"，底本作"二"，据金本改。

请知事

知事谓①监院、有处立副院也。维那、典座、直岁。先请知事、头首、前资勤旧吃茶，茶罢，住持人咨闻：某知事告退，烦大众同议，不知何人可充某知事。顾问再三，大众无语，和尚即云：欲请某人充某②知事，众意如何？众允，即令侍者请某人，及某人相知，并以次当请之人。再点茶罢，住持人起立云：某知事告退，不可阙人，欲请某人首座充某知事，且望大众同共礼请，幸希不阻，且以佛法为念。请讫，两展三礼一展云：新戒乍入丛林，诸事生疏，过③蒙和尚差请，下情无任恐惧之至。又一展叙寒暄云：伏惟和尚尊体起居万福。乃触礼三拜。众知事等贺住持人，两展三礼一展云：院门庆幸，且喜新请某知事。已④领慈命，下情无任欣⑤跃之至。又一展叙寒暄，并触礼如前。次与新知事递相贺谢，各触礼三拜谢词云：有荷⑥推扬，不胜惭悚。贺词云：荷众当才，伏惟欢庆。转椅子当面吃汤，告众鸣钟，集众入堂立定，维那圣僧前烧香，乃密禀住持人巡堂一匝问讯罢，打槌一下，云白大众：前某知事告退，此务不可阙人。适奉堂头和尚慈旨，令请某上座充某知事，谨白。再打槌一下，乃知事、头首、前资勤旧同共近前劝请，受讫，两展三礼谢词同前。时维那打槌一下云：今已请得某人充某知事讫，谨白。又打槌一下，知客引于圣僧前，大展三礼。收坐具，于首座前触礼三拜，大众答拜。知客引巡堂出，维那白云：请大众送知事入库堂。如请维那，即知客或头⑦侍者白云：请大众送维那入堂司。住持已下送至库堂或堂司，住持人依主位立，新知事于住持人前两展三拜，送住持人出。次归位，与同事人触礼三拜。次与首座、大众触礼三拜⑧，送大众出库司或堂司。行者以箱复收衣被，归本处安排。知客引巡寮，先到堂头照位吃汤⑨，勤旧相伴。次第巡寮竟，住持、知事、头首，同共新旧知事交割钱帛、所记文簿等，或当日或来日，点茶煎汤而退。次日库司特为置食新充知事，且依旧来规矩，未得妄有更张，及自夸诧。如⑩有己见候款曲与住持人及同事商量，可行即行，可止即止，不得违公徇私，扰乱大众。次日住持人堂中特为新旧知事煎点茶榜云：堂头和尚⑪今晨斋退，就云堂煎点⑫，特为新旧某知事，聊⑬表贺谢之仪，兼请首座、大众同垂光伴。今月日侍者某敬白⑭。茶榜贴堂外上间。新监院候堂头、首座等茶汤罢，入堂与首座、大众煎点茶榜云：库司今晨斋退，就云堂煎点，特为首座、大众，兼请诸知事相伴。伏望众慈，特垂光降。今月日知事比丘某敬白。斋前具箱复，托茶榜呈首座词云：上⑮闻首座，今晨斋退特为堂中煎点，伏望慈悲降赴。或触礼三拜此请曾⑯住院尊宿，及立僧首座也。或只问讯而退。茶榜即令行者贴堂外下间，及令行者请诸寮头首，乃就堂头礼请住持人，两展三拜一展云：今晨斋退，堂中特为首座煎点，敬⑰请和尚与大众相伴。伏望慈悲，特赐开允。又一展叙寒暄，乃触礼三拜⑱。自请同事，入堂伴众。次日库司内特为交代知事头首，请首座⑲、大众相伴。然后知事、首座头首，次第特为新旧知事煎点。如副院、典座、直岁，即就库堂，维那就堂司，特为同事交代煎点唯堂头、监院、首座入堂⑳煎点。

　　文林郎宁国军节度推官　　吴时　校㉑勘
　　朝奉大夫权知邵武军主管劝农公事　　周玭　再校正
　　朝请大夫新知郴州主管学事㉒兼管内劝农营田事借紫金鱼袋　虞翔　刊行
　　重雕补注禅苑清规卷第二

【校记】

① "谓",底本作"诸",据金本改。

② "某",金本作"某下"。

③ "过",金本作"适"。

④ "已",金本作"已供"。

⑤ "欣",金本作"似"。

⑥ "荷",金本作"玷"。

⑦ "或头",金本作"与头或"。

⑧ "次与首座、大众触礼三拜",金本作"次与首座、大众触礼三拜,次与首座、大众触礼三拜"。

⑨ "吃汤",金本无。

⑩ "如",金本作"如住持"。

⑪ "堂头和尚",金本作"堂以私当库司"。

⑫ "煎点",底本作"点茶",据金本改。

⑬ "聊",底本作"即",据金本改。

⑭ "兼请首座、大众同垂光伴。今月日侍者某敬白",金本作"首座、大众,兼请诸知事相伴。伏望众慈,特垂光降。今月日侍者知事比丘某敬白"。

⑮ "上",金本作"止"。

⑯ "曾",底本作"会",据金本改。

⑰ "敬",金本作"欲"。

⑱ "触礼三拜",底本作"触三礼拜",据金本改。

⑲ "座",底本作"头",据金本改。

⑳ "堂",底本作"点",据金本改。
㉑ "校",金本作"授"。
㉒ "学事",金本作"学士"。

卷第三

监　院

监院一职，总领院门诸事，如官中应副，及参辞谢贺，僧集行香，相看施主，吉凶庆吊，借贷往还，院门岁计，钱谷有无，支①收出入。准备逐年受用斋料米麦等，及时收买。并造酱醋②，须依时节。及打油变磨等，亦当经心。众僧斋粥，常运胜心。管待四来，不宜轻易。如冬斋、年斋、解夏斋、结夏斋、多③茄会端午、七夕、重九、开炉、闭炉、腊八、二月半是，如上斋会，若监院有力，自合营办。如力所不及，即请人勾当。如院门小事，及寻常事例，即一面处置。如事体稍大，及体面生创，即知事、头首同共商量，然后禀住持人行之。自住持人已下，如有不合规矩，不顺人事，大小诸事，并合宛转④开陈，不得缄默不言，亦不得言语粗暴。训诲童行之法，宜以方便预先处置，不得妄行鞭捶。设有惩戒，当库堂对众行遣，不过十数下而已。不虞之事，不可不慎。如发遣行者出院，须十分有过，责伏罚状，禀住持人遣⑤之，更不须决也。如违之不当，防避官中问难。如请街坊化主、庄主、炭头、酱头、粥头、街坊般若头、华严头、浴头⑥、水头、园头、磨头、灯头之类，应系助益常住头首，须当及时禀住持人请之，不可怠慢迟延。施主入院，安排客位，如法迎待。如作大斋会，预前与诸知事、头首商量，免致临时阙事。

监院之体，当尊贤容众，上和下睦，安存同事，大众常得欢心。不得倚恃权势，轻藐大众。亦不得任意行事，令众不安。非疾病官客，并当赴堂。所贵二时行益，行者齐整。如库司财用阙乏，自当竭力运谋，不当干紊主人及举似大众。如同事之人有才有德，应推扬赞叹。如有职事不前及梵行可疑，当屏处密⑦喻，便激昂自新，令法久住。如有大故作过，有害院门，亦宜密⑧白住持人知。自余色容众事，坐视成功而已。

【校记】

① "支"，底本作"与"，据金本改。

② "醋"，金本作"酤"。

③ "多"，金本作"炙"。

④ "转"，据底本校记，"一作顺"。金本亦作"顺"。

⑤ "遣"，底本作"遗"，据金本改。底本作有校记"遗一作遣"。

⑥ "头"，金本作"主"。

⑦ "密"，金本作"蜜"。

⑧ "密"，底本作"箸"，据金本改。

维 那

梵语维那，此云悦众，凡①僧中之事并主之。众中新到挂搭，礼须勤重。诸方办②事及名德人，别选上寮安排。退院长老，须依住持贴及开堂疏内资次，于堂内三板③头安排斋粥座位。如诸方名德，亦依同类戒腊，于三板④头次位安排。堂中冬夏替换毡席及凉帘暖帘，挂帐⑤下帐⑥，开炉闭炉，结夏戒牌，须预前打叠。处置堂内香灯，洒扫堂前供器。客前并常提举圣僧侍者、堂司并供头行者，备办⑦寮舍门户窗牖、按位床帐⑧、动用什物。常须管照整齐，如有缺少，闻库司及直岁添换。延寿堂病僧粥饭床帐⑨，使令行者之类，并常与堂主同⑩共照管，无令病人失所。院中诸小头首，如堂头侍者、圣僧侍者、延寿堂主、炉头、众寮寮主首座、阁主、殿主，并维那所请。如殿阁内钱物浩汗，即堂头请之。如犯⑪规矩，大者禀堂头令出众，小者但令移寮。如有喧争，且尽礼和会。如两争人不伏，然后依规矩行遣。如众中遗失，被⑫主坚要搜捡，即白众搜寮。如搜捡不见，则被主出众，或移寮。如失物不多，即和会被主令休，免致喧众及钝⑬滞丛林。圣僧钱只宜买置香灯供具，不得别处使用。如开筒取钱，入堂司收掌，即同圣僧侍者上簿支破。如系大⑭僧帐⑮，须候官中指挥告报，然后出榜晓示，取脚色，验祠部，依自来体例收供帐⑯钱物。如缴判公凭，虽系库司一面行遣，若经由维那司事，更详审允当。挂搭僧人祠部公凭，并须相验真伪，不得卤莽。如僧病申官及津送亡僧，估⑰唱衣物，缴纳亡僧度牒或紫衣师号文牒等，并维那专切管勾，报库司申官。缴纳公凭及亡僧度牒，不得过官中条限。读疏白槌，并须详审，令施主生善。新到茶汤特为，不得缺礼，及将新到戒腊报侍者、知事、头首及挂搭本寮，贵知戒腊次第新到某上座，某年⑱戒，在某人下。应令众寮各造入寮牌、腊次牌各一面，逐时抽添，所贵煎点坐位及寮主先后各无差误。动众普请，除寮主、直堂，并须齐赴。住持人除疾病官客辄不赴者，侍者出众。

【校记】

① "凡"，底本作"出"，据金本改。

② "办"，底、金本作"辨"，据文意改。

③ "板"，底本作"版"，据金本改。

④ "板"，底本作"版"，据金本改。

⑤ "帐"，金本作"怅"。

⑥ "帐"，金本作"怅"。

⑦ "办"，底、金本作"辨"，据文意改。

⑧ "帐"，金本作"怅"。

⑨ "帐"，金本作"怅"。

⑩ "同"，金本作"司"。

⑪ "犯"，金本作"化"。

⑫ "被"，金本作"彼破"。

⑬ "钝"，金本作"托"。

⑭ "大"，金本作"失"。

⑮ "帐"，金本作"怅"。

⑯ "帐"，金本作"怅"。

⑰ "估"，金本作"佑"。

⑱ "年"，金本作"新"。

典　座

　　典座之职，主大众斋粥，须运道心，随时改变，令大众受用安乐。亦不得枉费常住斋料，及点检厨中，不得乱有抛撒[①]。选拣局次行者，能者当之。行令不得太严，严则扰众。不宜太缓，缓则失职。造食之时，须亲自照管，自然精洁。如打物料并斋粥味数，并预先与库司、知事商量。如酱醋淹藏收菜之类，并是典座专管，不得失时。常切提举火烛，依时俵散同利，务要均平。如合系监院、直岁、库主所管，同共商量即可，并不须侵权乱职。厨中灶釜什物，如故旧损坏，则逐施抽换添补。教训行者，务循规矩。如堂中行益，诸寮供过，并须种种教诏令其通晓，及见师僧[②]，须问讯侧立。择灵利行者，准备堂头、知事、头首等处供过。常觉察诸寮行者，虑有顽钝，供过不前。如知事、头首再留行者，即当权宜随顺，不须坚要轮拨。典座系厨中吃粥饭，所食不得异众。二时食办[③]，先望僧堂焚香礼拜讫，然后发食。

【校记】

①"撒"，金本作"撤"。

②"僧"，底本作"宿"，据金本改。底本亦作有校记"宿一作僧"。

③"办"，底、金本作"裨"，据文意改。

直 岁

直岁之职，凡系院中作务并主之。所为院门修造寮舍门窗墙壁①，动用什物逐时修换严饰，及提举碾磨、田园、庄舍、油坊、后槽鞍马舡车，扫洒栽种，巡护山门②，防警贼盗，差遣人工，轮拨庄客，并宜公心勤力，知时别宜。如有大修造、大作务，并禀住持人矩划，及与同事商议，不得专用己见。

【校记】
① "壁"，金本作"璧"。
② "门"，底本作"林"，据金本改。

下知事

执事一年外，夜间入方丈告退，触礼三拜而出。来晨粥上，维那白遍槌罢，乃从后门入，先打槌一下云："比①丘某甲白大众，昨奉堂头和尚慈旨，令入库司充某知②事勾当。今来心力劳倦，告众归堂，谨白。"又打槌一下，于圣僧后转身来住持人前，两展三礼。住持人先令转食桌③子答拜，次于圣僧前大展三拜，巡堂出，堂外与同事触礼三拜。

请新④知事罢，住持人、知事、首座等送入堂内挂搭，于住持人前触礼三拜，伴送入寮。于住持人前两展三礼先送出门，次与大众问讯而散。与新知事巡寮，茶汤特为罢，却与新交代旧同事，就本寮特为煎点。

【校记】

① "比"，金本作"北"。

② "知"，底本作"和"，据金本改。底本亦作有校记"和一作知"。

③ "桌"，底本作"卓"，金本作"褝"，据文意改。

④ "新"，金本无。

请头首

头首者，谓首座、书记、藏主、知客、浴主，并同已前和会知事之法，受礼作贺，一一如之。请同座僧众伴送入寮，住持人前两展三礼送出，与僧众触礼三拜。知客引巡寮，如知事巡寮之法。三日茶汤置食特①为。如请首座，堂头和尚就堂煎点。

茶榜首尾同前，但改云：特为新请首座，聊表陈贺之仪。如有旧首座，即云：特为新旧首座，聊表贺谢之仪。兼请知事、大众同垂光伴。

次日首座却为书记、如无书记，即特为以次头首。大众，就堂煎点请状云：首座比丘某，启取今晨斋退，就云堂煎点，特为书记、大众，仍请诸知事相伴，幸冀法慈，同垂光降。月日具前位某状。封皮云：状请书记、大众，具前位某谨封。仍粘在状前箱内，呈请讫，贴僧堂南颊。次请堂头人堂相伴。斋前令行者请知事、头首。斋时长板②后众集定，首座即起圣僧前烧香，大展三拜，巡堂一匝出，并问讯堂外僧，只在堂外对③监院、维那吃食。仍先白第二座，权代咒食。

书记、藏主、浴主、水头、街坊、炭头，凡系堂头所请之人，并就本寮煎点。堂头侍者、圣僧侍者、殿主、堂主、净头、炉头之类，并系维那所请，院门三日茶汤特①为。藏下殿主、街坊表白，并系藏主所请，院中茶汤特为同前。

【校记】

① "特"，底本作"持"，据金本改。
② "板"，底本作"版"，据金本改。
③ "对"，底本作"封"，据金本改。

首　座

首座之职，表仪众僧，举正非法。堂中座位衣单，挂钵展钵，吃粥吃饭，或茶或汤，皆须低细齐①整。凡是堂中一切不如法事，于粥前以软语白②众，言须简当。

首座吃食，不得太急，须当款曲相伴众僧，不得先了拱手视众，令众忽遽。

如粥饭③造作不如法，或行益紧慢不调，并合首座点检，说与主事人。所贵堂众安乐。

放参前首座入堂，圣僧前烧香罢就位坐。堂司行者报诸寮云："首座坐堂。"慧林打寮前板④三下报众。大众入堂，依单位相向而坐。堂司行者先禀堂头，挂放参牌，然后堂前上帘。行者于首座前问讯，低声云："和尚放参。"复于圣僧前躬身立正，喝"放参"，然后打放参钟，展单下帐⑤罢，归寮问讯，吃汤随意。如遇念诵，归寮问讯吃汤罢，然后入堂，展单下帐⑥。

昏钟下窗帘，明即卷之。堂中大众未开静前，不得令卷单叠被上帐⑦，恐喧大众。粥后开静已去，晚间放参已前，并不得展单盖被而睡。早晨长板⑧，斋时三下，方可下钵。入堂时，念佛时，并不得覆顶。遍槌罢，首座揖食罢，然后作观。作观罢，安详出生。候首座吃食，大众方食。食讫挂钵，乃至下床，并须详缓，不得粗躁⑨。

已上并是首座检⑩举指示。

【校记】

① "齐"，金本作"斋"。

② "白"，底本作"曰"，据金本改。

③ "粥饭"，金本作"饭粥"。

④ "板"，底本作"版"，据金本改。

⑤ "帐"，金本作"怅"。

⑥ "帐"，金本作"怅"。

⑦ "帐"，金本作"怅"。

⑧ "板"，底本作"版"，据金本改。

⑨ "躁"，金本作"操"。

⑩ "检"，底本作"捡"，据金本改。

书　状

书状之职，主执山门书疏。应须字体真楷①，言语整齐，封角如法，及识尊②卑触净，僧俗所宜。如与官员书信，尤不得妄发。每年化主书疏，预先安排，即时应副，子细点检③，恐封角差赚，及漏落施主名衔④。如写常住书信，即用常住纸笔。如写堂头书信，即可用堂头纸笔。如发自己书信，不宜侵用。轻尘积岳，宜深戒之。

新到茶汤特为，礼不可缺。院门大榜、斋会疏文，并宜精心制撰，如法书写。古今书启疏词文字，应须遍⑤览，以益多闻。若语言典重，式度如法，千里眉目，一众光彩。然不得一向事持笔砚，轻侮同袍，不将佛法为事。禅月、齐己，止号诗僧；贾岛、慧⑥休，流离俗宦⑦，岂出家之本意也？

【校记】

① "楷"，金本作"揩"。

② "尊"，金本作"专"。

③ "检"，底本作"捡"，据金本改。

④ "名衔"，底本作"明衔"，金本作"明街"。据底本校记，"明一作名"，今正作"名衔"。

⑤ "遍"，据底本校记，"一作过"，金本亦作"过"。

⑥ "慧"，金本作"惠"。

⑦ "宦"，金本作"官"。

藏　主

藏主掌握金文，严设几案。准备茶汤、油火、香烛，选请①殿主、街坊表白,供赡本寮及看经大众。

请案之法,先白看经堂首座,借问有无案位,欲来依栖。如有案位,即相看藏主白之。茶罢,藏主引至经堂案位前,各触礼一拜。送藏主出,圣像前大展三拜起,触礼首座一拜,巡堂一匝,相看殿主,乞依时会经,并无礼拜。

早晨大众起,晚间放参前,殿主鸣钟会经,交点出纳。会经僧应于藏内烧香礼拜,殷重捧经,路中不得与人语笑,案上不得堆经,安置笔砚杂物及禅策文字。点灯上油退灯,并宜躬亲,款曲低细,恐毁污圣教。

堂中不得接待宾客,有人相访,默揖归寮。亦不得于看经窗外与人说话,恐喧大众。

如云雾阴湿,或拭手未干,或于火上,或在月②下,并非看经所宜。

还卷之法,紧则损经,慢则不齐。不得以身倚案压经,不得口川衔经带。

开函之法,两手捉上盖,左仰右俯③,交手取之,轻放案上,不令有声。

盖函之法,右仰左俯④,交手合之,亦须低细。

开经折带,还卷系条,各有仪式请问堂中看经首座及惯熟之人。

经案边并不得解系衣服,把针扪虱。

如不识字,先检⑤篇韵。犹有疑者,方可借问。问字若繁,有妨看转。

如暂离案,并须盖覆。亦不得将袈裟叠安经上。

看经时端身正坐，不得出声及动唇口，并缘他事。

如夜间开静退灯，即时随众归堂，不得留灯违众，令首座动念。

如晚间移下灯板⑥上油讫，却有事故不及赴堂看经，则转托邻案移上⑦灯板⑧。如欲退案，亦先白看经堂首座及藏主，还经入藏，方可随意。

已上所说，并当藏主晓喻众人。若不如法，方便开示。所有支收文历，并须开坐分明，只依堂头签押。

重雕补注禅苑清规卷第三

【校记】

① "请"，金本作"靖"。

② "月"，据底本校记，"一作日"。金本亦作"日"。

③ "俯"，金本作"府"。

④ "俯"，金本作"府"。

⑤ "检"，金本作"捡"。

⑥ "板"，底本作"版"，据金本改。

⑦ "上"，底、金本作"下"，据底本校记"一作上"改。

⑧ "板"，底本作"版"，据金本改。

卷第四

知　客

官员、檀越、尊宿及诸方名德之人入院相看,先令行者告报堂头,然后知客引上,并照管人客,安①下去处。如寻常人客,只就客位茶汤。欲往堂头、库下及诸寮相看,只令行者相引。

旦②过寮内,床帐③动用,常须齐整。师僧旦④过,且⑤在温存。檀越斋设,相看行香,并须知客引领。宾客相看,并须恭谨,不得妄谈无益之事。常须如实赞叹主人、知事、头首并大众美事,令人生善。家丑不得外扬。

【校记】

① "安",金本作"客"。
② "旦",金本作"且"。
③ "帐",金本作"怅"。
④ "旦",金本作"且"。
⑤ "且",金本作"旦"。

库　头

　　库头之职，主执常住钱谷，出入岁计之事。所得钱物，即时上历收管，支破分明。斋①料米麦，常知多少有无，及时举觉收卖。十日一次计历，先同知事签押；一月一次通计，住持人已下同签。金银之物，不宜谩藏。见钱常知数目，不得衷②私借货与人。如③主人并同事非理支④用，即须坚执，不得顺情。常住之财，一毫已上并是十方众僧有分之物，岂可私心专辄自用？如非院门供给檀越，及有力护法官员，并不宜将常住之物自行人事。如有借贷米麦钱物，除主人及同事自办⑤衣钵外，常住之物，不可妄动。

　　当库行者，须有心力，解计算，守己清廉，言行真的，众所推伏，方可委付。

　　如山野寺院，城市稍远，众僧所用及⑥药蜜茶纸之类，亦宜准备。僧行回买，常存道念，不可惮烦。病僧合用供给之物，不得阙少。如遇打给，即时应副。如食廪疏漏，雀鼠侵耗米麦，蒸润常住物色，顿放守护。若不如法，并须库头照管，白同事人处置。

【校记】

①"斋"，金本作"齐"。

②"衷"，据底本校记，"一作裹"。

③"如"，金本作"知"。

④ "支",金本作"交"。

⑤ "办",底、金本作"辨",据文意改。

⑥ "及",金本作"乃"。

浴主 已上并为六个头首

设浴前一日,刷浴烧汤。至日斋前,挂开浴或淋汗或净发牌,铺设诸圣浴位及净巾、香花、灯①烛等,并诸僧风药茶器。斋后打板②,同施主入堂内烧香礼拜,请圣入浴。良久打叠,鸣鼓请众。前两会众僧入浴,后一会行者入浴,末后住持、知事人入浴。

浴室内打板③之法,一汤二水三满。入浴之法,老宿上堂,后生④下堂,各具⑤净巾浴具⑥。不得裸露无惭,高声语笑,敲磕桶杓,涕唾污秽,洗浣衣物,火焙烘风⑦,及赤脚趋浴,触污净道并众僧浴水。常须回互尊长,不得唐突。如有违法,亦须浴主软语开喻,不得作色忤众。切宜依时设浴,供给寮众,不可阙事。遇开浴日,守待打并火烛了当,并刷浴室令净,方可随意歇息。文历只系堂头签押。

【校记】

① "灯",底本作"澄",据金本改。

② "板",底本作"版",据金本改。

③ "板",底本作"版",据金本改。

④ "生",金本作"主"。

⑤ "具",金本作"其"。
⑥ "具",金本作"其"。
⑦ "风",金本作"虱"。

街坊水头炭头华严头

粥街坊、米麦街坊、菜街坊、酱街坊、水头、灯头、炭头、华严头、般若头、经头、弥陀头,并是外劝檀越,增长福田;内助禅林,资持道果。若非契圣运心,何以普酬众望?

磨头园头庄主廨院主

磨头之职,漏筛欲细,所以去瓦砾也;尘筛欲粗,所以去尘垒也。漏筛须用扇车,尘筛须打三百。新麦不须淘洗,煞麦宜淘,二斗拌八斗以阴之。九月淘三斗,每月增一斗,至十二月淘六斗。正月淘五斗,每月减一斗,至四月淘二斗。淹拌一宿,令不干不湿,此其大法也。故谚云:粗尘细漏。

按四季淘麦,然更看麦之干湿,增减淘阴。麦干或湿,取面稍难。第一第二,若不细磨,面亦难得。第一第二是蒸作面,第三是湿面,第四第五是洗面。罗须转开。不宜脚蹋磨用布裙,庶免尘污。磨边不宜积粪,常令缠道干平。两次喂饲头口水草,无令失时。夏月日长多渴,更增一次饮之。套项常令平正,拽细宜在整齐。照管绾绊,提①防磨捺。病患者及早医治,羸弱者即容歇息。行者人工之类,勤勤策发道心。

园头之职,粪地筑畦,布种生芽,浇水耘草,并须及时。应当审问谙练惯熟之人,相度天时地利,常令蔬菜相续。存留好者供众,有余方可出卖。逐时修换家事,常与典座圆融。大略言之,初春种莴苣、蔓菁、苕苤,寒食前茄子、瓠子、黄瓜、决明、葵菜、兰香,五月半种萝葡,六月半种秋黄瓜,七月半种苔子、菠薐。

庄主之职,主管②二税,耕种锄耨,收刈持梢,栽接橐木,泥筑垣墙,收搬③粪土。须及时躬亲部领,守护地边,明立界至;饮饲头口,省减鞭打;安停客户,选择良家;针线妇人,常居显处;钱谷文历,支破分明;酒肉葱薤,无使入门;展散投托,不须应副;行者人工,方便驱策;南邻北里,善巧调和;闲杂之人,慎勿延纳;师僧旦过,恭谨承迎。无以常住钱物,抄注诸方僧供。忽若牛驴殁故,并须掘地深埋。早持皮角输官,无使公司怖问。如有践踏田苗,侵犯禾稼,但可叮咛指约,不得捶骂申官。秋成场户,主客抽分,计结文④历分明,更与多方饶借。如有创造翻修,预白院门知事。

廨院主之职,主院门收籴,买卖僧行宿食,探报郡县官员交替,应报公家文字。或收簇⑤院门供施财利,或迎待远方施主。

【校记】

① "提",底本作"堤",据文意改。

② "管",底本作"官",据文意改。

③ "搬",底本作"般",据文意改。

④ 本节自题目"磨头园头庄主廨院主"至"文"字,金

本全缺。

⑤"簇",底本作"蔟",据金本改。

延寿堂主净头

堂主须请宽心耐事,道念周旋,安养病僧,善知因果之人。堂中所用柴炭米面、油盐酱菜、茶汤药饵、姜枣乌梅、什物家事,皆系堂主缘化。如其无力,唯米面油炭,就常住打给。如病僧入堂将息,令行者打叠床位,如法安排,煎煮汤药,供过粥饭,逐时问讯,务令适意。如病人苦恼,多生嗔怒,粥饭汤药,动不如意,及呻吟叫唤,屎尿狼籍,并须悯念看承,不得心生厌贱。如欲沽酒下药,及以浸药为名食啖鱼肉葱薤,贵图补益,是时堂主当以①禁戒因果善言开喻,令坚正念,勿纵邪心。严戒供过行者,剪剃针线之人,不得潜隐藏带酒肉入堂合药如须用酒,当令院外浸渍。及以酒糊为丸,煎药用葱,及②合药肝肾鱼肉尚犹不可,何况恣心食啖也?病僧若可担擎,及稍进粥饭,劝令持斋,不宜轻毁禁戒。堂中锅釜,不得令人练帛,有妨病僧使用。非系堂中将息之人,不得延客粥饭有处病僧在堂,并上文历,以凭库司打给,并请斋馔③。病僧如稍困重,报堂司抄札,迁重病阁若非道眼精明,并劝令专念阿弥院佛,祈生净土。若劝率同袍打磬念之,极妙④。八福田中,看病最为第一佛、法、僧、父母、师长、贫穷、桥梁义意、疾病,乃八福田也。况出家之人,云游萍寄,一有疾病,谁为哀怜?唯藉同袍,慈悲安养。诚为重任,岂可轻心?

净头之职,五更上灯,日出收茅筹,净布浸之。次刷洗茅槽,并叠扫地,添换茅槽净巾,并灰土、皂角,打当水廯。斋后洗濯筹布,晚后烧汤上油。常令汤水相续,无使大众动念。净头者,行人之所甚难,当人之所甚恶,可谓无罪不灭,无罪不愈,无福不生。同袍拱手上厕,宁无惭愧之心?

【校记】

① "以",底本作"于",据金本改。
② "及",底本作"皮",据金本改。
③ "俆",底本作"衬",金本作"视",据文意改。
④ "妙",金本作"好"。

殿主钟头

殿主、阁主、塔主、罗汉堂主、水陆堂主、真堂主、钟头,拂拭尘埃,列正供具,以时洒扫,庄饰香灯,参后展席,以待众人瞻礼。

《付法传》说:罽宾吒王死作千头鱼,常为剑轮斫首,痛不可言。每闻钟声,则剑轮不下。晨昏扣钟,无非佛事《高僧传》:释智兴①如法鸣钟,声震地府,受苦者皆解脱。

【校记】

① "兴",金本作"与"。

圣僧侍者炉头直堂

圣僧侍者,供过斋粥茶汤、香火灯烛,及与堂司行者洒扫堂中,拂拭函①柜,打叠几案,列正供具。斋时供养罢,收圣僧衬钱入筒筒安首座②板③头上,以④俟⑤钱略呈首座入之。二时打下堂槌候住持人复钵,方可打⑥槌,即退身于圣僧帐后立,以避住持人问讯大众。如圣僧所得衣物施利,除袈裟⑦衬钱同维那收掌支破外,自余巾帕⑧、针线、茶药、看经钱、结缘等物,并系圣僧侍者所得。

炉头虽维那所请,亦系炭头和会选举。十月一开炉,二月一⑨闭炉;放参前装炉,粥前添炭。相度寒暖,临时添减⑩。如天暖炭多,则枉用信施;如天寒炭少,则大众冷落。扫帚拂拭,常令严净。兄弟围炉,递相回避。不得画⑪灰拨火⑫,敲火箸作声,聚头闲话,擅便取火熨焙等用。

如直堂之法,从上间第二座被⑬位为头,次第轮转,周而复始,主看守堂中众僧被位衣钵。早晨长板⑭时,大众集时⑮,将直堂牌,于当日上座前问讯云:"上座今日直堂。"交牌讫,问讯归位如食位与被位相远,即须记被位不看之人于何⑯粥饭,所贵至时不烦寻讨。如只在邻位,亦当下床纳牌。受牌人但问讯纳之⑰,并不下床。直堂人常在堂中,于上下间照管。如有所干,须请熟分兄弟暂时看守。并不得赴升堂及延寿堂,并外请念诵诸处茶汤。如全众出入,除维那指挥锁堂,并不得擅离所守。至放参后,方可随意。如堂中去失,系是放参已前,方是直堂人任责直堂以放参为限也。欲开函柜⑱或抽衣被,并先白直堂人知。如不⑲先报,即当审问。开静已前,放参已后,众中兄弟并不得开函柜及抽取衣被,如送入衣被则不妨。如有所犯,即邻位及众人呵止。不得规避直堂预迁被位,令堂众动念。

【校记】

① "函",金本作"丞"。

② "座",金本作"产"。

③ "板",底本作"版",据金本改。

④ "以",金本无。

⑤ "俫",底、金本作"衬",据文意改。

⑥ "打",底本作"进",据金本改。

⑦ "裟",金本无。

⑧ "帕",金本作"怕"。

⑨ "一",金本作"一日"。

⑩ "减",金本作"灭"。

⑪ "画",金本作"昼"。

⑫ "火",金本作"入"。

⑬ "被",金本作"披"。

⑭ "板",底本作"版",据金本改。

⑮ "时",金本无。

⑯ "何",底本作"何知",据金本删。

⑰ "纳之",金本作"领领邻纳之"。

⑱ "柜",金本作"匮"。

⑲ "不"字以下，金本缺。

寮主寮首座①

　　寮主依入寮先后轮请，或当一月，或当半月，或十日，各逐所在。主看守众僧衣钵，本寮什物。动用并具文帐，上下交割。挂搭新到，茶汤特为，并新旧交代，递相煎点。装炉打炭，添汤贮水，洒扫并净，打叠拂拭，恭勤不倦，奉事清众。寮中如有不如法事，软语陈白。不得指挥呵责，令众动念。寮中什物有阙，因住持人巡寮借问，方便白知。亦不得妄有陈请供众。汤瓶兄弟，不得洗衣炮虱。买卖闲杂之人，并不得放入寮内，防有去失。

　　寮中首座，当请久住宿德谙练事体之人，同寮主于寮中止宿，看守众僧衣钵，并特为新到如恐事烦，一香一药一茶而已。如兄弟喧噪，同寮主和劝。未开静已前，不得容兄弟入寮。放参已后，不得入笼阁，并擅便开笼。如有急事，或取汤药，或暴寒取衣，并白首座或寮主知，然后开笼。非维那所请，不得令于寮中止宿。

【校记】

① "寮主寮首座"一节，金本全缺。

堂头侍者①

如请侍者,须色力少壮,辞令分明,梵行清修,心机转旋,自然堂头诸事,一切现成。煎点茶汤,各依时节;往来宾客,咸得欢②心。由是尊宿,安然传道。虽系维那所请,亦须方丈选择。

外侍者如遇大座煎点,预先禀白,然后出榜。请客、排位、烧香,礼数威仪,并须如法。宾客相看,须知紧慢。或即时报覆,或款曲咨闻。或人下书,引见主人,并报书司回答,或新到相看,茶汤特为,请客入室,念诵放参及结夏腊次牌,并外侍者主之。

内侍者收掌堂头衣钵,支收文历,并方丈内公用物色。主管茶汤纸笔,冬夏衣物,常令准备齐整,不得阙事。如有阙少,预先咨白。欲估唱堂头衣物,即与维那同之。

内外侍者,虽分司列职,常须和同,供给茶汤,勿分彼此。如夜间珍重,粥前问讯,即当禀问来日或今日有煎点茶汤及处置之事。职分之外,并不得言知事、头首及众中长短之事。住持人语言,亦不得众中宣说。请客办③事,当以奉师供众为心,不得辞惮辛苦,及见主人之过退有后言,亦不得学住持人可否诸方,抑扬大众。但念恭勤侍奉,赞助丛林,百事小心,无动主人之念。

重雕补注禅苑清规卷第四

【校记】

① "堂头侍者"一节,金本全缺。
② "欢",底本作"观",据文意改。
③ "办",底本作"辨",据文意改。

卷第五

化　主

或侍者寮具州县名目，出榜召请发心，或知事、头首和会。礼请之仪，并同头首。

入寮讫，打叠书疏、茶汤、药饵。施主所托收买之物，并宜子细用心。特为交代煎点，询问去年事例。合系堂头亲书，或书内简尺，及时勾副请领。如将带系税之物，自合分明印税。人力行者，须选惯熟及小心之人。所有常住供利，须自收掌，不得全倚人力行者，防有异心。如有尊宿书信，呈达讫然后作礼。若见尊官门状，并院门书信，一时通呈。看谒施主，预先点检门状、关牒、书信，恐有差误；及备茶汤人事之物，低心耐烦，善言化导。如问山门事体，并须如实祗对，不得妄有夸托，及不得倚托官员威势，亦不得所管事外妄生节目，恐滞归期，有妨交代。既系院门津遣，代众持钵，当尽心竭力，增益递年目录。除有病将息，方可暂闲。不得游山，结夏纵饶于事无妨，自是不成专注。候化缘事毕，纳疏归众，方可随意。施主名衔，不得卤莽漏落。所抄钱物，并须收纳分明檀门信施，本为福田；造业愚夫，便同己物。或荡于酒色之费，或畜为衣钵之资，或买度牒师名，或与小师披剃。殊不知一钱已上并属众僧，千佛出世，不通忏悔，天堂未就，地狱先成。凡应主执之人，宜奉清廉之诫矣。

堂头乳药，及知事、头首人事之物，并依常年及众人事例，不宜分外曲取人情。或实出自施主愿心，即无所害。既离禅宇，遍诣檀门，俗士侵夺，便成汩没。常念早归办①道，不宜在外因循财色之间，甚宜照顾。

院门饯送化主之法，伺候化主起发有日，前一日常住特为茶汤置食，至日，住持人升座饯送，兼以偈颂激发道心，送至门首，头首相伴，茶汤相别。

化主归院，略行人事知事、头首、勤旧、相知兄弟诣客位陈谢相看，喜回还安乐。款曲打叠施利竟，乃封角小疏目录脚头簿子细收付，恐有漏落。交代借问，并须忠告。并具施利状一本、式云：当院化主比丘某，昨奉堂头和尚慈旨，往某处化缘僧供等。具疏呈纳如后。一、化到僧供若干，计钱若干。一、化到罗汉若干位，计钱若干。一、化到粥若干会，计钱若干。内折到某物若干，计钱若干。内支汤茶人事工往来盘费钱若干。已上除支外，通计钱若干。右件施利不多，伏乞堂头和尚、诸知事、首座、大众慈悲容纳。谨状某年月日，堂院化主比丘某状。状后批云：先借过常住钱若干，今随状还纳见到。乳药状一本式云：参学比丘某甲某物若干，右谨呈献堂头和尚，聊充乳药，伏乞慈悲容纳。谨状某年某月日，参学比丘某状。如小师，即云小师比丘某。安箱复内，报知事纳疏。先将施利陈法堂上，堂司报众，当面安椅子，傍安香台，打鼓。众集，住持人于椅前立，侍者烧香，大众只依位问讯以施利在前也。然后知客陈仪。知客近前，当面问讯，云："某路化主某人纳疏。"乃引化主至住持人前问讯立，知客于箱内取施利状与化主，化主呈上住持人化主问讯，退身侧立。住持人香上薰显，付侍者侍者与书状或维那、知客对众宣表讫。化主近前，当面问讯立。知客又于箱内取乳药状与化主，化主呈上住持人化主问讯，退身侧立。住持人更不薰显，即付侍者侍者与书状宣读罢。化主礼谢住持人，两展三拜一展云：施利轻微，上触和尚，下情无任惶恐之至。又②一展叙寒暄，乃触礼三拜。次知事礼贺住持人次首座、大众礼贺住持人，并两展三拜。贺词云：化主回还，得无难事，伏惟欢庆，下情无任喜跃之至。住持人与大众作贺时，小师从③之。次首座、大众与知事相贺，各触礼三拜词云：化主回还，得无难事，伏惟欢庆。礼毕，住持人归方丈，首座、大众已下归堂位。知客引化主圣僧前大展三拜起，于首座前触礼三拜云：此者化缘④，得无难事，皆荷首座、大众法力荫庥⑤。首座已下答拜首座云：大众分卫，且喜回还。施利甚丰⑥，不任感激。知客引巡堂出，次上堂头，大展九拜三拜云：此者化缘，得无难事，皆荷和尚道力庇庥⑦，下情无任感激之至。又三拜叙寒暄，又三拜而起。照位吃汤，并请新旧化主或前资勤旧相伴，不过十数位而已。知客次第巡寮众寮寮主、首座待之，三日茶汤特为置食。更不挂搭，维那送入寮有处次日升堂陈谢。有处纳疏罢⑧，未人事，先升堂⑨。有处化主作开供斋，请⑩升堂，如不请更不升堂。

【校记】

① "办"，底、金本作"辨"，据文意改。

② 本节自题目至"又"字，金本全缺。

③ "从"，金本作"避"。

④ "化缘"，底本作"缘化"，据金本改。
⑤ "荫麻"，金本作"阴林"。
⑥ "丰"，金本作"贵"。
⑦ "庇麻"，金本作"阴荷庇休"。
⑧ "罢"，金本作"罗"。
⑨ "堂"，底本作"座"，据金本改。
⑩ "请"，底本作"续"，据金本改。

下头首

应系堂头所请诸头首，一年外先方便求退，然后于粥前诣方丈咨闻，触礼三拜而退。如堂司所请头首等，即不拘时节，于维那处解罢。藏下头首，即于藏主处解罢。六头首告退，方丈茶汤，同维那、知客等伴送入寮，两展三拜，送主人出。余但问讯而已。以次头首，合入前资寮抽解。只维那请吃茶汤，相送入寮，三日茶汤特为置食如系藏下所请诸头首，常住置食外①，藏主更须管待也。唯寮主、寮首座无茶汤特为。

【校记】

① "外"，底本无，据金本补。

堂头煎点

侍者夜参或粥前，禀覆堂头：来日或斋后，合为某人特为煎点。斋前,提举行者准备汤瓶①、换水烧汤。盏橐茶盘、打洗②光洁。香花、坐位、茶药、照牌。煞茶诸事已办③,子细请客。于所请客,躬身问讯云:"堂头斋后特为某人点茶,闻鼓声请赴。"问讯而退。礼须矜庄,不得与人戏笑或特为煎汤,亦于隔夜或斋前禀覆讫,斋后提举行者准备盏橐煎点,并同前式。请辞云:"今晚放参后,堂头特为某人煎汤。"斋罢,侍者先上方丈,照管香炉位次。如汤瓶里盏橐办④,行者齐布茶讫香台只安香炉、香合,药榼、茶盏各安一处。报覆住持人,然后打茶鼓若茶未办⑤而先打鼓,则众人久坐生恼。若库司打鼓⑥,诸寮打板⑦,并详此意,不宜太早。众客集,侍者揖入方可煞鼓。首座已下,次第进⑧前,依照位立如见某人未到,则令再请,贵免住持人动念。侍者亦不得仓⑨遑。候一时斋⑩足,请住持人出如客有不到,侍者得住持人指挥,方退椅子。如住持人不指挥,则不得专擅移退。如客有不到,或诸事不在前,住持人不宜对众作色,令⑪客⑫不安。或住持人先出椅前立,祗候大众,侍者揖客而进。亦可宾主立定,侍者于筵外东南角立,略近前问讯揖客坐侍者请客烧香,大小问讯,并代住持人行礼,受请者并须逐一恭謹,不宜慢易。

良久烧香,烧香⑬之法,于香台东望住持人问讯,然后开合上香两手捧香合起,以右手拈⑭合,安左手内,以右手捏香合盖,放香台上,右手上香,向特为人焚之,却右手盖香合,两手捧安香台上,并须款曲低细,勿令敲磕或坠地。更不问讯,但整坐具,叉手行诣特为人前问讯有处众坐定,侍者先在住持人边立,请坐具及请香,以表殷重之礼。今⑮香台边向⑯住持人问讯,乃表请香之礼意者也。转身叉手依位立。次请先吃茶,次问讯劝茶,次烧香再请,次药遍请吃药,次又请先吃茶,次又问讯劝茶。茶罢,略近前问讯,收盏橐。次问讯离位侍者预令行者祗候,众客才起⑰,便移转当面椅子。特为人略近前一两步间,问讯而退,以表谢茶之礼。住持人送客⑱出,众客回身,同问讯而退。侍者即时指挥行者退⑲椅子,收坐物或扇子,折叠复帕及香台衣,收拾⑳茶汤及好盏橐,交点洗元。然后侍者并供过行者吃茶罢,方可随意,免烦住持人尊重旨麾而已。

或本州太㉑守、本路临司、本县知县并系大众迎送,堂头并据主位。如在县下,住持即接,知县自余不须。侍者烧香讫,住持人起云:"欲献粗茶或粗汤,取某官指挥。"如其允许,方可点茶。如蒙叹赏,住持人但云:"粗茶聊以表专,不合轻触。"

诸官入院,茶汤饮食,并当一等迎待。若非借问佛法,不得特地祗对檀越施主。或官客相看,只一次烧香,侍者唯问讯住持而已。礼须一茶一汤,若住持人索唤别点茶汤,更不烧香。如檀越入寺,亦一茶一㉒汤,不须烧香。

堂头非泛请僧吃茶,临时旋请,侍者仍令行者安排坐位、香火、茶药讫,仍请之宾㉓就坐。侍者正面问讯烧香右手上香,退身普同问讯。如点好茶,即不点汤也。如坐久索汤,侍者更不烧香也。或新到暂到外寺僧相看,只一次烧香,普同问讯,并合一茶一汤侍者初见官客,并当肃揖㉔,不须回避主人。平常僧俗,于主人前不得相与祗揖问讯。

【校记】

① "瓶",底本作"饼",据金本改。
② "洗",金本作"株"。

③ "办"，底、金本作"辨"，据文意改。

④ "办"，底、金本作"辨"，据文意改。

⑤ "办"，底、金本作"辨"，据文意改。

⑥ "鼓"，金本作"板"。

⑦ "板"，底本作"版"，据金本改。

⑧ "进"，金本作"集"。

⑨ "仓"，金本作"苍"。

⑩ "斋"，金本作"齐"。

⑪ "令"，金本作"含"。

⑫ "客"，金本作"客者"。

⑬ "烧香"，金本无。

⑭ "拈"，金本作"帖"。

⑮ "今"，金本作"令"。

⑯ "向"，金本作"面"。

⑰ "起"，金本作"超"。

⑱ "客"，金本作"之"。

⑲ "退"，金本作"追"。

⑳ "拾"，金本作"什"。

㉑ "太"，底本作"大"，据金本改。

㉒ "一"，底本无，据金本补。

㉓ "宾"，金本作"宾主"。

㉔ "揖"，金本作"摄"。

僧堂内煎点

　　堂内煎点之法，堂头、库司用榜，首座用状，令行者以箱复①托之。侍者或监院或首座呈特为人礼请讫，贴②僧堂门颊堂头榜在上间，若知事、首座，在下间。监院或首座于方丈礼请住持人，长板③后众僧集定，入堂烧香，大展三拜，巡堂请众。斋后堂前钟鸣，就座④讫，行法事人先于前门南颊朝圣僧叉手侧立，徐徐⑤问讯，离本位，于圣僧前当面问讯罢，次到炉前问讯，开香合，左手上香罢，略退身问讯讫，次至后门特为处问讯，面南转身，却到圣僧前当面问讯，面北转身，问讯住持人，以次巡堂至后门北颊板⑥头，曲身问讯，至南颊板⑦头，亦曲身问讯，如堂外，依上下间问讯，却入堂内圣僧前问讯，退身依旧位问讯，叉手而立。茶遍浇汤，却来近前当面问讯，乃请先吃茶也。汤瓶出，次巡堂劝茶，如第一翻，问讯巡堂，俱不烧香而已。吃茶罢，特为人收盏。大众落盏在床，叉手而坐。依前位烧香问讯特为人罢，却来圣僧前大展三拜，巡堂一匝，依位而立。行药罢，近前当面问讯，乃⑧请吃药也。次乃行茶浇汤，又问讯请先吃茶。如煎汤瓶出，依前问讯巡堂，再劝茶，茶罢依位立。如侍者行法事，茶罢先问讯，一时收盏橐⑨出。特为人先起，于住持人前一展云："此者特蒙和尚煎点，下情无任感激之至。"又一展叙寒暄云："伏惟和尚尊体起居万福。"乃触礼三拜，送住持人出堂外。侍者于圣僧前上下间问讯讫⑩，打下堂钟。如库司或首座煎点茶汤了，先收住持人盏，众知事或首座于住持人前一展云："此日粗茶或云此日粗汤。伏蒙和尚慈悲降重，下情不任感激之至。"又一展叙寒暄云："伏惟和尚尊体起居万福。"乃触礼三拜。第三拜时，住持人更不答拜，但问讯大众，以表珍重之礼。作礼竟，送住持人出堂。行法事人再入堂内圣僧前，上下间问讯收盏罢，再问讯，打钟出堂外。首座亦出堂外，与众知事触礼三拜。如首座特为书记，书记亦先出堂外，与首座触礼三拜而散⑪。

堂头结夏茶榜：堂头和尚今晨斋退，就云堂煎点，特为首座、大众，聊表结制之仪，兼请诸知事光伴。今月日侍者某人敬白。

堂头解夏茶榜：首尾同前，但改云"聊表解制之仪"。

库司结夏茶榜：库司今晨斋退，就云堂点茶，特为首座、大众，聊表结制之仪。伏望众慈，同垂光降。今月日库司比丘某甲敬白。

库司解夏茶榜：首尾同前，但改云"聊表解制之仪"。

首座结夏状：首座比丘某，右某启取今晨斋后，就云堂点茶，特为书记、大众，聊表结制之仪，仍请诸知事。伏望众慈，同垂光降。谨状月日，首座比丘某状。封皮云：状请书记、大众。首座比丘某甲谨封。

首座解夏状：首尾同前，但改云"聊表解制之仪"。

如堂头特为新旧知事、首座，及知事、首座点茶榜状，如请知事头首篇中已明。

【校记】

① "复"，金本作"木夏"。

② "贴"，金本作"帖"。

③ "板"，底本作"版"，据金本改。

④"座",底本作"坐",据金本改。
⑤"徐徐",底本作"徐",据金本补。
⑥"板",底本作"版",据金本改。
⑦"板",底本作"版",据金本改。
⑧"乃",底本作"仍",据金本改。
⑨"盏橐",金本作"盏盏橐"。
⑩"讫",金本作"说"。
⑪"散",金本作"与"。

知事头首点茶①

知事诸头首特为茶,板②鸣,主人依位立,揖众就坐。主人亦就坐,但垂足而已。良久,揖请收足。须臾,起身问讯,离位烧香右手上香。问讯特为人讫③,归本位一边,普同问讯大众切不可主位椅子前问讯。然后就本位,问讯而坐。浇茶三两碗,擎茶盏,揖当面特④为人只揖参头。及上下位,然后吃茶。茶罢或收盏,只收主人盏。起身问讯,离位烧香,归位问讯同前。次药遍,请⑤吃药。次请先吃茶,茶罢收盏讫,问讯起,送客至门首。

如寮主特为寮众,即请本寮首座为主,自行法事。若特为新到,并同知事之礼。非现⑥任头首,不得请知事茶汤恐妨公务,及避嫌疑。

库司诸头首迎待新到之礼,早晨茶⑦,斋后茶,放参汤,并烧香一炷。如晚间,不请吃汤。斋后茶了,就座点汤⑧。

【校记】

① "点茶",金本作"煎点茶"。
② "板",底本作"版",据金本改。
③ "讫",金本作"说"。
④ "特",金本作"持"。
⑤ "请",底本作"精",据金本改。
⑥ "现",底本作"见",据金本改。
⑦ "茶",底本无,据金本补。
⑧ "汤",底本作"吃",据金本改。

入寮腊次煎点

煎点之法,烧香罢,从寮主为头问讯,次从首座为头问讯。问讯罢,浇茶遍,巡寮劝茶。良久,近前问讯云:"茶粗,恕不换盏。"乃烧香再请,又巡寮问讯。次行药,次行茶,次劝茶两次烧香问讯并末后谢茶,须依头首次第。第二番劝茶,但从便简,省问讯一匝。第一番劝茶,但就上下间问讯,普同问讯①亦可也。次谢茶云:"此日粗茶,特蒙寮主、首座、大众慈悲降重。"触礼三拜。次巡寮一匝收盏,问讯起。如请吃茶,寮内众僧坐定时,先烧香一炷云:来日恭请寮主、首座、大众,特为点茶,伏望慈悲降重。触礼三拜,巡寮问讯讫,然后当日点茶人行法事。

【校记】

① "问讯"，底本无，据金本补。

众中特为煎点

早晨茶，隔宿请。斋后茶，早晨请。晚间汤，斋后请。如请近上尊敬之人如立僧首座、诸方宿德、法眷、师伯、师叔、师兄之类。即大展三拜。如不容，则触礼三拜。如请以次尊敬之人如同参同行，戒腊道行尊高可仰，凡在己上者之类。只触礼三拜。如平交或戒腊相等或是法眷弟侄之类。但问讯请之。安排坐位、香花、照牌了当，至时门首迎客就坐，问讯云："请收足。"烧香，问讯特为人罢，问讯云："请免坐具。"又夏热即云："请使扇。"冬寒即云："请覆顶。"行茶浇汤，约三①五碗，即问讯云："请先吃茶。"汤瓶出，即于特为人处问讯劝茶，收盏罢如不收盏，即云："茶粗恕不换盏。"如点汤不换盏，即云："汤粗恕不换盏。"再烧香问讯特为人。次行药遍，即问讯云："请吃药。"次行茶浇汤，请先吃茶并劝茶，同前。茶罢，陈谢云："此日点茶或云此日煎汤。特为某人某人，茶粗，坐位不便，下情无任感激之至。"如近上尊敬之人，即大展三拜。晚间放参前后，诣寮礼谢。如已次尊敬及平交，陈谢云："此日点茶或云煎汤。特②为某人某人，兼不合起动某人相伴。"触礼两拜，又云："恐烦尊重，晚间更不敢诣寮礼谢。"又礼一拜，然后从相伴人一例问讯。良久，问讯收盏。次问讯离位，即先出门首送客。

【校记】

① "三",金本无。

② "特",金本作"持"。

众中特为尊长煎点①

如特为本师及嫡②亲师伯、师叔、师兄之类,如本寮坐位不便,及妨碍众人,即借寮煎点请礼在前已说。只特为一人,本寮主首在主位,特为人作席向③正面,左手上香近坐位前,当面礼拜。如两人已上,在照位与寮主相对,左手上香筵外礼拜。言句威仪诸事,并如特④为堂头煎点之法。但末后礼拜起,近前问讯罢不揖,特为人先起。却于筵外触礼三拜,陈谢相伴人。次第问讯起,出门相送。至晚诣尊长寮礼谢,及问讯陈谢。寮主如自有寮舍,特为人皆居正位。烧香礼拜,并悉当筵若通方商量,既是借寮与人煎点,自合托故回避,不可自居主位,令前人礼拜诸事不便。

重雕补注禅苑清规卷第五⑤

【校记】

①本节金本仅存题目,正文全缺。

② "嫡",底本作"的",据文意改。

③ "向",底本作"回",据文意改。
④ "特",底本作"持",据文意改。
⑤ "重雕补注禅苑清规卷第五",金本缺。

卷第六①

法眷及入室弟子特为堂头煎点②

早晨具威仪，先见侍者云："欲烦报覆和尚，斋后欲就方丈点茶，特为堂头和尚。"侍者报讫，引见堂头，问讯讫云："请和尚坐。"如主人已据坐，更不须云请坐也。先大展三拜，近前躬身云："今晨斋退，欲就方丈点茶，特为堂头和尚。伏望慈悲，俯赐开允。"住持人云："谨依来命，不须作礼。"或答拜不答拜，各逐尊卑。又礼三拜。或只叙请意，大展三礼。或一展请讫，触礼三拜，各逐尊卑。然后退身问讯出，计会侍者安排坐位并照牌，自请相伴人须请大头首、近上法眷及前资勤旧相伴。斋后先上堂头，照管香火、茶药、盏橐、汤瓶，虑或失事。次第客集不得打鼓集众。揖客就坐，人数俱足，然后入方丈，迎请住持人就主位正坐。住持人已收足，乃近前问讯，面西转身香台东过，筵外西南角问讯讫，叉手侧立此明客位，如堂头煎点，侍者烧香，即向筵外东南角立，以表主礼。大众坐定，徐徐问讯离位，香台边正立，向主人问讯，左手上香。盖香合讫，不问讯，叉手转身，于香台东边过，向北住持人前问讯讫，转身归旧位问讯立。行茶遍，约浇汤三五碗，近前问讯乃请先吃茶也。退身依位立。汤瓶出或为本师师翁煎点，即侍者浇汤，亲自下茶，以表专敬也。于住持人前问讯劝茶,依位立,茶罢收盏若自下茶者,须是自收盏。良久③,伺候盏橐办④,依前烧香,于住持人前大展三拜,近前躬身云:"欲延象驾,再献粗茶。伏望慈悲,特赐开允。"又礼三拜,或大展坐具,先叙请意同前。退礼三拜,住持人云:"已承勤量,何必再三。"答一拜,不答拜,各逐尊卑。候住持人收足,乃问讯转身依位立。药遍,近前问讯乃请吃药。复退身依位立。行茶浇汤约三五碗或自下茶。又复问讯乃请先吃茶也。汤瓶出,复近前问讯劝茶,转身依位立。候茶罢,先收住持人盏或自收盏。住持人前大展三拜,躬身近前云:"此日粗茶,伏蒙和尚慈悲降重,下情无任感激之至。"住持人云:"重意烹茶,不胜感激。"答拜不答拜,各逐尊卑也。又退身三拜,或大展坐具,躬身近前问讯,先叙谢辞同前,退身礼三拜。如住持人不答拜,煎点人礼竟,又近前问讯罢,退身近西,叉手侧立。住持人离坐,珍重大众,入方丈时大众并更不起身。煎点人随后送入,问讯而退。如住持人答拜,煎点人第三拜未起时,住持人更不还拜,便合掌问讯大众,以表珍重之礼如僧堂内知事、首座点茶,住持人亦同此礼。煎点人更不退身,便送住持人归方丈,问讯而退。却依旧位而立,谢大众云:"此日粗茶,特为堂头和尚,伏蒙某人某人慈悲光伴,下情无任感激之至。触礼三拜。次第问讯,依旧位立。收盏罢,问讯起送客,只至筵外一两步,以表客无送客之礼。却于侍者寮陈谢侍者。

【校记】

① "卷第六",金本缺。

②"法眷及入室弟子特为堂头煎点"一节,金本全缺。
③"久",底本作"人",据文意改。
④"办",底本作"辨",据文意改。

通众煎点烧香法①

堂中大座煎点,斋前入堂礼请,唯上香一炷,斋后点茶或临晚问汤。第一翻上香两炷,第二翻上香一炷堂头、库下、诸寮就本处特为并准此,唯无请礼。非泛茶汤,唯上香一炷。

【校记】

①"通众煎点烧香法"一节,金本全缺。

置食特为

置食之法,斋①前请讫,长板②动众。客齐坐定,入桌③烧香,问讯特为之人。自余筵外普同问讯。候上饭行遍,即又烧香问讯特为之人。下衬钱讫,复面前问讯,次第同前。堂头侍者行法事,库司主席者行法事。

【校记】

①"斋",金本作"齐"。
②"板",底本作"版",据金本改。
③"桌",底本作"卓",金本作"棹",据文意改。

谢 茶

堂头置食点茶特为罢,如系卑行之人,即时于住持人前大展三拜。如不容,即触礼三拜。如平交已上,即晚间诣堂头陈谢。词云:"此日伏蒙管待,特为煎点,下情①不任②感激之至。"古人云谢茶,不谢食也。拜礼临时,知事、头首特为茶汤,并不须诣寮陈谢。如众中平交特为煎点,须当放参前后诣寮谢之。

【校记】

① "情",底本作"倩",据金本改。
② "不任",底本作"无任不胜",据金本删。

看藏经

如遇施主请众看大藏经,或藏下,或法堂上,直岁安排椅桌①,典②座拨③供过行者,藏主准备茶汤、香花、灯烛,维那依戒腊出榜分经并坐位照牌,请法事,又作梵阇黎,书状写造开启罢散文疏,并看经大榜,藏殿主出经。至时维那鸣钟集众,请经依位坐,法事声螺钹。知客点净,引施主行香竟,当筵跪炉。维那表叹④宣开启疏,念佛阇黎作梵。候声绝,然后大众开经。如遇病患将息,及有众缘在外,维那收钱并函号,候参堂及归日,分付看转,此事极好。如病僧坚取经钱,即须分付。若有分俵大众残零不尽之经，依寻常看经腊次牌分俵。如施主于看经了日设斋供庆忻，更须读罢散文疏。施主经钱，并系堂司收掌分俵除常住童行利，维那读疏，书记写疏，藏下香烛、茶汤，知客行香法事作梵钱外，据见在多少，契勘钱数分俵也。监院照管大纲，专切迎待施主。藏主供给大众茶汤，常切告白护惜圣教。

看经之法，藏主篇中具明，子细看验。如不能看经，即于堂司退免。若已受经⑤，即须子细如法披寻，早了为上，非唯施主愿心圆满，亦乃他时免负经债。

【校记】

① "桌"，底本作"卓"，金本作"椁"，据文意改。
② "典"，金本作"曲"。
③ "拨"，底本作"排"，据金本改。
④ "叹"，金本作"欢"。
⑤ "经"，金本作"纳"。

中筵斋

如遇施主入院作中筵①斋，监院先问外请僧俗②客若干，食衬钱各若干，然后报住持人知，同典座定食，次办③斋料。直岁安排坐位，或在④库司，或法堂上，香花奕幕，随家丰俭。书状依吉凶斋意，修写文疏。维那安排坐位、照牌⑤。住持人居主位出即监院代之。首座分首如有尊宿名德可当席面，即首座居住持人左手。藏主已下依位列，施主、俗客在照位，监院、维那、直岁在鼓下，自余头首、宿德，相度安排。远则东西有鼓⑥相照，近则合榻相朝，并从南为上。鱼鼓集众，鸣钟就坐，宾主问讯，皆同入堂。于圣像前先声法事，知客点净，引施主行香，从住持人起，至中⑦筵东南角。次从席面起，至中筵西南角。自余从便，以径截为上。行香罢，施主像前跪炉，法事唱礼，维那宣疏，念十声佛，施主就位。如行香不用法事，则请法事头一人先唱恭⑧敬头一切恭敬，信礼常住三宝，此名略梵。次第举佛，至行香罢，法事唱如来梵如来妙色身，乃至是故我皈依，信礼常住三宝。跪炉⑨、读疏、念佛、就座⑩同前。若无法事及不举佛，亦不读疏，维那鸣磬唱礼恭⑪敬头，施主行香罢像前跪炉，维那唱如来梵，白斋意，念诵。施主就坐，鸣磬结位。复鸣磬一下，首座施食。次行香喝食遍中筵斋行者更不喝⑫食，但逐味行食遍，在中筵分立之。鸣磬一下，大众祗揖，默⑬然作观，然后出生。吃食饭遍，维那鸣磬，首座施财，或施主俵衬，或知事代行。大众食毕，法事头或维那鸣磬，念"处世界，如虚空"等，略取疏中大意回向。念十佛罢，鸣磬而起或打磬两下，一以念食讫偈，二以⑭离位。中筵大斋，及早备办⑮，如其过午，则是非时。

【校记】

① "筵"，金本无。

② "俗"，金本作"浴"。

③ "办"，底、金本作"辨"，据文意改。

④ "在",金本作"问"。

⑤ "牌",底、金本作"管",据底本校记"管一作牌"改。

⑥ "有鼓",底本无,据金本补。

⑦ "中",金本无。

⑧ "恭",金本作"茶"。

⑨ "跪炉",金本作"跪炉头"。

⑩ "座",底、金本作"坐",据文意改。

⑪ "恭",金本作"茶"。

⑫ "喝",金本作"唱"。

⑬ "默",金本作"点"。

⑭ "以",金本作"次"。

⑮ "办",底、金本作"辨",据文意改。

出　入

若有缘事,全众出入,或赴斋,或念诵,或接尊宿,若粥后出,则维那于粥前白堂;斋后出,则维那于斋时白堂。白堂之法,粥饭遍槌罢,或施财罢,打槌一下云:"白大众,今晨粥后闻钟声,各具威仪,普请于某处赴斋,应系诸寮头首卷帘齐赴,谨白。"打槌一下,维那乃于圣僧前问讯,复于住持前问讯①,巡堂一匝。如堂外有僧,亦当问讯,除后堂。

时至鸣钟,三门下齐②集,住持人行,次首座,次书状、藏主、知客、浴主、名德勤旧,并依戒腊,次第而行。直岁、典座、维那、监院在大众后，庠序相随，无致差乱。不得左右顾眄，语言戏笑，高声课诵，垂手掉臂。若到处所，安详下笠，候住持、知事、头首、大众聚集一处，同祗揖施主罢，方可就位。并当俨然恭默，令起瞻敬之心。若欲大小便，不得叠袈裟③乱④安坐位机案而去⑤，须于众外安袈裟于净处，事讫净手披还，贵免唐突清众。施主点净、行香、俵衬，并当专谨承迎，不可慢易，亦不得观看书画，不得戏弄儿童。凡是欲乐之境，不得顾眄。食毕参随住持人归院，并不得留身干事，动人讥笑或买衣物，或买药草，或相看施主，或瞻⑥礼胜景，或于别院回礼师僧，自余不可尽言。若有所干，候别日于堂司请假。

若赴念诵，或接尊宿，大纲准此。诸寮头首赴与不赴，计在临时。

【校记】

① "复于住持前问讯"，金本无。

② "齐"，金本作"斋"。

③ "袈裟"，金本作"法衣"。

④ "乱"，底本无，据金本补。

⑤ "去"，底本作"立"，据金本改。

⑥ "瞻"，底本作"赡"，据金本改。

警　众

凡闻钟鼓鱼板①，须知所为。五更鸣大钟者，警睡眠②也。

次厨前打小钟子者,开小静也诸寮供过行者及灯③头等,并皆先起。次击厨前云板④者,开大静也众僧齐⑤起,方得折叠单被及上蚊厨⑥。次打长板⑦者,众僧下钵也众僧一时入堂。次打木鱼,众僧集定也后到者更不得入堂。三通鼓鸣者,住持人赴堂也。堂前小钟子鸣者,众僧下床,祗候问讯住持人也。维那最初打槌一下者,众僧开钵也随槌⑧声白⑨念《心经》三卷。次打槌一下者,白设粥意也或表叹读疏。次打槌十下者,念十佛名也。次打槌一下者,首座施粥也。又打槌一下者,粥遍也。粥罢打槌一下者,众僧下堂也住持人出堂,众僧方可上钵。堂前鸣小钟子三下者⑩,乃放早参也。如不放参,堂上鸣鼓者,升堂也。参罢茶毕,堂前鸣小钟三下者,众僧下床也。斋前闻三下板⑪鸣者,众僧下钵也。次鸣大钟者,报斋时也城隍先斋钟,后三下;山林先三下,后斋钟。自余长板⑫、鱼鼓、堂前小钟,维那打槌,食毕下堂,并同晨粥之法唯施主设斋,于遍槌后添施财槌一下。次闻堂头或库下击鼓,或诸寮打板⑬者,众僧赴茶也。闻厨前鼓鸣者,众僧普请也。闻堂前钟鸣者,或接送尊官,或请知事,或送亡僧也。闻浴下鸣鼓者,开浴或淋汗也。至晚堂前鸣钟三下者,放晚参也。三八闻大钟或堂前小钟者,念诵也城隍集众念佛,皆击小钟;山林先击大钟集众,然后击小钟念佛。黄昏鸣大钟者,行者上殿念佛也。或闻堂上鼓鸣者,小参也。从朝至暮,钟鼓交参,非唯警悟大众,亦乃说法无间。丛林高士,各自知时。

开小静之法:先击板⑭三声,击引声⑮渐渐高大,令声调畅,从慢至紧,从重至轻,为一会。至二会杀声⑯,徐徐打三⑰下。

开大静之法：如开小静之法，但只长打一会也。

打长板[18]、木鱼之法：并轻手引声，渐渐高大，令音声调畅，然后紧慢相参，轻重相应。凡至一会，略歇少时，所贵节会分明，令听者不误。至三会杀声，徐打三下。

上堂、小参打鼓之法：先轻拟鼓面三下，然后重手徐徐击之，使其紧慢相参，轻重相应，音声和畅，起复连环，隐隐轰轰，若春雷之震蛰。第一会延声，即长击，会终略歇少时。第二会连声稍促，更不歇声[19]，即便转通[20]。第三会一向缠声击之，候住持人升座，方始杀鼓，双槌连打三下。

斋鼓、粥鼓之法：并击三会，如升堂之法，但节会稍促[21]而已。

浴鼓、茶鼓、普请鼓之法：并长打一会，更不转通也。

击堂前小钟之法、入堂钟：轻手引声[22]，渐渐高大，住持人入堂即止[23]。

放参钟：先打板[24]三下，然后缓[25]击三[26]声。

念诵钟：如开小静之法，住持人入堂烧香罢，于僧堂前立，维那杀钟，念十佛名号讫，两下然后杀之。

下床钟：更不击板[27]，连打三[28]下。

接送、请知事、送亡僧钟：唯打一会。

维那打槌之法：先问讯讫，右手仰把槌柄，卧砧面上，令槌头向身，展左手两指[29]副槌楞[30]，徐运槌柄，旋转击之，即覆左两指按[31]砧楞，然后手正下槌。举槌[32]不得过五寸，一转槌不得离却本位也。

打大[33]钟之法：先轻手拟钟三下，慢十八声，紧十八声，三紧三慢，共[34]一百八声。当职行者烧香礼拜诵偈讫，然后击之。偈云：三涂八难，息苦停酸；法界众生，闻[35]声悟道。念竟即时辍之[36]。

堂上鼓，侍者主之。库下鼓，监院主之。斋粥鼓[37]板[38]，木鱼开静，典座主之。堂前小钟，维那主之。大钟如不请钟头，维那主之。打钟行者，典座主之。

已上钟鼓，如不应法则，致令轻重失宜，紧慢无节，并当晓谕，令音声和畅为上。

【校记】

① "板"，底本作"版"，据金本改。

② "睡眠"，金本作"睡眠卧"。

③ "灯"，底本作"打"，据金本改。

④ "板"，底本作"版"，据金本改。

⑤ "齐"，金本作"斋"。

⑥ "厨"，金本作"蝈"。

⑦ "板"，底本作"版"，据金本改。

⑧ "槌"，金本作"后"。

⑨ "白"，金本作"自"。

⑩ "者"，底本无，据金本补。

⑪ "板"，底本作"版"，据金本改。

⑫ "板"，底本作"版"，据金本改。

⑬ "板"，底本作"版"，据金本改。

⑭ "板"，底本作"版"，据金本改。

⑮ "击引声"，底本无，据金本补。

⑯ "杀声"，金本作"杀鼓声"。

⑰ "三"，底本作"二"，据金本改。

⑱ "板"，底本作"版"，据金本改。

⑲ "终略歇少时。第二会连声稍促，更不歇声"，金本无。

⑳ "转通"，金本作"转连通"。

㉑ "稍促"，金本作"稍不促"。

㉒ "轻手引声"下，金本衍出"终略稍少时，第二会一向缠声击之，候住持"诸字。

㉓ "止"，底本作"立"，据金本改。

㉔ "板"，底本作"版"，据金本改。

㉕ "缓"，金本作"绥"。

㉖ "三"，金本作"二"。

㉗ "板"，底本作"版"，金本作"柱"，据文意改。

㉘ "三"，底本作"二"，据金本改。

㉙ "仰"，金本作"仲"。

㉚ "楞"，金本作"傍"。

㉛ "按"，底本作"接"，据金本改。

㉜ "举槌"，底本无，据金本补。

㉝ "大"，金本无。

㉞ "共"，金本作"苦"。

㉟ "闻"，金本作"同"。

㊱ "念竟即时辍之"，金本无。

㊲ "鼓"，底本无，据金本补。

㊳ "板"，底本作"版"，据金本改。

驰　书

　　如下承嗣书遗书入院，先驰书。而①专使到院，知客安排位次讫，法堂上一节，如化主纳疏之法。书记宣读毕②，专使于住持人前两展三拜一展云：此驰专信，得奉尊颜，下情无任瞻仰之至。又一展叙寒暄，乃触礼三拜。知事、首座、大众贺或慰住持人入院先驰，无上一节。首座、大众僧堂前立首座在门外上间第一位③，众僧在下间排立。安排香桌④，专使过疏与首座，首座薰显，过与维那宣读讫，专使近前，问讯首座，退身立，首座、大众入堂上⑤立，专使入堂，行如化主参堂之法书同封皮，贴安门外下间。知客引专使入库堂，呈书与监院，监院⑥薰显，请维那读讫，然后人事茶汤如平常承嗣遗信及过往先驰，只就方丈下住持人⑦书，首座寮下首座、大众书，贴安门外下间⑧库堂，但⑨呈监院已上，下并⑩不宣读。知客引巡寮如化主、小师⑪诣尊宿处下书，候呈书讫，方可礼拜。

【校记】

① "而"，金本无。

② "毕"，底本作"单"，据金本改。

③ "位"，金本作"位立"。

④ "桌"，底本作"卓"，金本作"掉"，据文意改。

⑤ "上"，金本无。

⑥ "监院"，底本无，据金本补。

⑦ "住持人"，底本作"傍持人"，金本作"傍住持人"，据文意改。

⑧ "下间"，金本作"门"。

⑨ "但"，金本作"祖"。

⑩ "下并"，金本无。

⑪ "小师"，金本作"小住下"。

发　书

书信之法，须言语整齐，写染严谨，剪裁封角如法，令人生善，及起瞻敬之心。若诸事草率，人不在意，徒费纸笔，及妨道业。

若与官员书信，劝令减刑护法，爱惜伽蓝。当面判凭，不见僧家小过；设有粗行，且令护惜袈裟。如①与同袍，劝令禅诵香火，觉悟无常。或与尊宿书，祝其捍②劳忍苦，传法利生。与施主书，即勉令修善作福。

已上并不宜多谈俗事，语言以简当激切为上。封讫香薰遣之如非事不得已，不宜妄发书信。

【校记】

① "如"，底本无，据金本补。

② "捍"，金本作"掉"。

受 书

　　如得僧中近上尊敬之人所赐书信，即当香薰，望尊人所向，礼讫开之。如以次尊敬之人，亦须香薰自开。如是平交，即令侍者或行者启封并用剪开一头，款曲取①之，不得折破封皮，非唯不谨，亦属粗操。读讫如法安置②一处。常生感激之心，不得意生容易。如受官员书信，亦当殷重，读讫即时念诵，回向装严福慧③。

【校记】

① "取"，金本作"毕"。
② "置"，金本无。
③ "慧"，金本作"惠"。

将息参堂

　　住持人服药，如非寻常病患，三日已外，当于别寮将息，令侍者白首座、知事。如库司、知事及诸头首有病，并令供过行者白维那请假，下延寿堂有处云省行堂将息如病患轻①微，不妨②众务，只就本寮将息。如病体迁延，即白住持人，别请交代③。

　　住持人病起，升堂陈谢，大众问疾。下座知事、首座、大众人事，两展三礼谢辞云：摄养乖方，有烦存问，幸承法力，粗获痊安。贺辞云：伏喜和尚法位轻安，下情无任不胜欣跃之至，巡堂礼圣僧、大众，次入方丈，点大座茶。知事病起参堂，先④礼谢住持人，次于知事、头首及诸寮人事问讯。

众中兄弟初觉有疾，或自往或遣人报堂司，请假将息，及报寮主，然后入延寿堂。病起参堂，先到堂司相看，然后上方丈人事谢辞云：此者上蒙法庇，粗获痊安，下情无任感激之至。答辞云：且喜道体安乐，伏惟欢庆，次第诣知事、诸头首寮，问讯堂头已下诸头首，随意茶汤，不须特为。

重雕补注禅苑清规卷第六

【校记】

① "轻"，底本作"日"，据金本改。
② "妨"，金本作"效"。
③ "代"，金本作"伐"。
④ "先"，底本作"上"，据金本改。

卷第七

大小便利

欲上东司，应须预往，勿致临时内逼仓卒。乃叠袈裟，安寮中案上，或净竿上，问讯而去。即先披挂子，然后①左臂搭净巾。不得由尊殿经过。于东司近外净②竿上安挂子、手巾讫，卷裙叠偏衫，搭东司前竿上。仍置偏衫于裙上，以腰条系之，一以记号，二恐堕地。右手携瓶诣厕，弃鞋亦须齐整。轻手掩门，低手放瓶。临厕弹指三下，以警啖粪之鬼。不得涕唾狼籍，努气作声，厕筹划地，隔门壁共人语笑。

洗净之法，冷水为上。如用热汤，引生肠风。右手提瓶，左手用水仍护第一第二指。不得撒水污地及槽唇左右。用筹不得过一茎有人用筹讫，自洗而出。洗手先灰，次土，至后架用皂荚澡豆，并洗至肘前。盥漱③讫准律须嚼杨枝，还至本处，收挂子、净巾问讯，袈裟披之。准律若不洗净，不得坐僧床及礼三宝，亦不得受人礼拜。

初到厕门，如内有人，不得警欬弹指，及以语言相逼。如先在厕上，觉外有人，即须早出自洗筹者，至此不宜。

如上尿寮小解，收衫袖裙衣，近里蹲身。不得涕唾说话，常须回避宿德之人准律小便亦须洗净，违者同前。

【校记】

① "然后",金本作"然后左后"。

② "净",金本作"净土"。

③ "漱",底本、金本作"嗽",据文意改。

亡　僧

如僧人病势稍困,堂主计会维那、监院、首座、藏主、书记、知客同共抄札口辞,收祠部并衣物,入堂司收掌。首座封押,并收掌钥匙。知事申官①。如加病势②,即再申困重。如已迁化,又申官乞行殡送。三日内缴纳祠部,或紫衣师号牒。

亡僧初化,即澡浴剃③头,披挂子,坐桶内,以龛贮之,置延寿堂前,设香花④供养,并剪造白幡,书无常偈,及置佛丧花于龛上,题云殁故某人上座之灵,集众念诵。是夜法事,诵戒回向,来日早晨或斋后津送。

至日,维那于粥饭遍槌罢,或行衬罢,白槌一下云:"大众粥后或斋后闻钟声,各具威仪,普请送亡僧。除诸寮头首,并⑤皆齐赴。谨白。"打槌一下,维那乃于圣僧前问讯,复于住持人前问讯,巡堂一匝。如堂外有僧,亦当问讯,除后僧堂。

时至鸣钟,龛前齐集,住持人已下次第烧香。维那念诵竟,鸣鼓举龛前行,大众随后,把幡⑥提磬,香炉香台法事。库司知事预前差拨行者,直岁部领举龛,准备⑦柴薪坛前⑧一宗诸事,并皆主之。即⑨至塔头,住持已下烧香,略声法事。

下火讫当有法语，十念阿弥陀佛，再声法事罢散。或有讽经，各随自意。

若在城隍，送葬之法，须当往还次序齐整，不得戏笑。默念佛名秘语，回向亡人。齐赴齐归，并不得留身在后。若有所干，别日⑩于堂司请假。

次日堂主、维那法事，收骨入普同塔，或散水内。

唱衣之法，挂牌告众，鸣钟入堂。先为亡僧念诵，次将衣钵请首座验封头，对⑪众开之未鸣钟前，先将衣钵陈于堂内，次第估唱讫，维那复为亡僧念诵。住持人并内知事并不得唱亡僧衣物⑫。维那支破，须合众情，不得妄有费用。除用外⑬，俵大众看经。或暂到见送亡僧，及见唱衣，三分得一。施主看经亦如之。如多有衣钵，即抽挪⑭设粥或斋供。至于上七日，集众人所诵经咒，同时宣表，破使⑮文字张挂后架，令众人知之众知事佥押，以表通众无私。

出家之人，修行之外，常令衣钵齐整足用而已，不宜畜积，增长贪心。唱衣之日，免令大众久坐生恼。又不得全无衣钵，免令身后侵损常住。

凡唱亡僧衣物，此谓对破悭心，及与亡僧结缘，不可贱唱贵卖。如所唱衣物价例太高，不得动念，免令众人轻笑。维那唱衣，须知所唱衣物价例高低，新即言新，旧即言旧，破即言破。声定钱陌或足或省，或是依除，如大众不肯添钱，虽贱亦须打与。如添钱太⑯过，维那即云"更须子细，后悔难追"，免致众中动念生事。亦不得寄唱众人及常住衣物，恐涉嫌疑。如常住或堂头入众唱衣，即许人寄唱。

病僧前[17]念诵：维那叹佛罢云：今晨即有在疾比丘某人，奉[18]为释多生之冤对，忏累劫之愆尤，特[19]运至诚，仰投[20]清众，称扬圣号，荡涤深殃，仰凭尊重，念清净[21]等。又回向云：伏愿某人，一心清净，四大轻安，寿命与慧命延长，色身与法身坚固。如病重之人，即与十念阿弥陀佛。念诵之法，先叹弥陀佛罢，次白众为某人长声念阿弥陀佛四圣名号。回向云：伏愿某人，诸缘未断，早遂轻安；大[22]命难回，愿生安养。又念四圣名号罢[23]，劝令摄心。清净念，不得攀缘俗事也。

龛前念诵：亡僧初入龛，堂司告众，鸣钟集之龛前，住持人已下知事、头[24]首并堂主次第拈香毕，维那声磬叹佛罢云：切以生死交谢，寒暑迭迁[25]，其来也电激长空，其去也波停大海。是日即有殁故比丘某，生缘[26]既尽，大命[27]俄迁，了诸行之无常，乃寂灭而为乐。恭投大众，肃诣龛帏，诵诸圣之洪名，荐精[28]魂于净土，仰凭大众念清净法身等。又回向云：伏愿某人[29]，神超净域[30]，业谢尘劳，莲开上品之花，佛授[31]一生之记。又云：再劳尊众，念十方三世等。

举龛念诵：词云：欲举灵龛，赴茶毗之盛礼，仰凭尊众，诵诸圣之洪名，用表攀违，上资觉路。念十声佛号罢便行[32]。

塔前十念：词云：切以殁故[33]某人，既随缘而顺寂，乃依法以茶毗，焚百年弘道之身，入一路涅槃之径。仰凭尊众，资助觉灵。乃称十念，罢云：上来称扬圣号，资荐往生，惟愿慧镜[34]分辉，真风散彩，菩提园里开敷觉意之花，法性海中荡涤尘心之垢。茶倾三奠，香爇[35]一炉，用荐云程，和南圣众。

唱衣前念诵，大众集，维那鸣[36]磬一下云：浮云散而影不流，残烛尽而光自灭。今兹估唱，用表无常。仰凭尊众，奉为殁故某人上座[37]，资助觉灵，往生净土，念清净法身云云等。复鸣磬云：夫唱衣之法，盖禀常规。新旧短长，自宜照顾。钱须足陌或七十七陌，或七十五陌，无以新锡相兼。磐声断后，不得翻悔。谨白。

唱衣竟乃云：上来大众念诵并唱衣物功德，并用回向殁故某人，资助觉灵，往生净土。再烦㊳大众，念十方三世一切诸佛，并以志诚念佛，不得戏笑，语话乖角。

诵戒煎汤，唱衣点茶，并系库司所管。

准律，死尸并衣物㊴并不得塔下过，亦不得于塔下烧死尸。

【校记】

① "官"，底本作"宫"，据金本改。
② "势"，金本作"执"。
③ "剃"，底本作"梯"，据金本改。
④ "花"，底本作"火"，据金本改。
⑤ "并"，金本作"普"。
⑥ "幡"，金本作"僧"。
⑦ "准备"，底本作"准此备"，金本作"准伦"，据文意改。
⑧ "前"，金本作"头"。
⑨ "即"，底本作"既"，据金本改。
⑩ "日"，金本作"白"。
⑪ "对"，金本无。
⑫ "亡僧衣物"，金本作"之衣服"。
⑬ "外"，金本无。
⑭ "抽挪"，底本作"抽那"，金本作"维"，据文意改。
⑮ "使"，金本作"便"。

⑯ "太"，金本作"大"。

⑰ "前"，金本无。

⑱ "奉"，金本无。

⑲ "特"，金本作"持"。

⑳ "仰投"，金本作"幼役"。

㉑ "清净"，金本作"清净劫"。

㉒ "大"，金本作"人"。

㉓ "罢"，金本无。

㉔ "头"，底本作"堂"，据金本改。

㉕ "迁"，金本作"遵"。

㉖ "缘"，金本作"像"。

㉗ "命"，金本无。

㉘ "精"，底本作"清"，据金本改。

㉙ "某人"，底本无，据金本补。

㉚ "域"，金本作"拭"。

㉛ "授"，金本作"受"。

㉜ "行"，金本作"打"。

㉝ "故"，金本无。

㉞ "镜"，金本无。

㉟ "爇"，金本作"热"。

㊱ "鸣"，金本无。

㊲ "座"，底本作"坐"，据金本改。

㊳ "烦"，金本作"劳"。

㊴ "衣物"，金本作"衣服"。

请立僧

　　退院尊宿、首座、藏主，如合众望，可举立僧，即住持人升座举白讫，知事、大众诣寮礼请请辞云：大众倾心，久思示诲。伏望慈悲，俯赐开允。如不允，更不答拜，云自救不了，岂可为人？如允，即时还礼云：既①蒙坚②请，不敢固辞。乃上方丈陈谢，礼数随宜。

　　退院尊行谢云：本欲依栖，贵③藏衰拙。既蒙见举，不敢奉违。答云：象驾既临，法轮常转。虽然不合奉烦，且④以佛法为念，退院平交谢云：方图自养，岂复⑤为人！上命难⑥违，下情多愧⑦。答云：不合⑧奉烦，且以佛法为念，诸方名德及参学小师谢云：此蒙和尚指挥，今受兄弟问设，虽无深证，不敢固辞，下情惶恐感激之至。答云：既有余光，且以佛法为念，并相看陈谢知事。次日，堂头、库下特为煎点置食随意。

【校记】

①"既"，金本作"师"。

②"坚"，金本作"竖"。

③"贵"，金本作"责"。

④"且"，金本作"告"。

⑤"岂复"，底本作"复为"，据金本改。

⑥"难"，金本作"虽"。

⑦"愧"，金本作"问"。

⑧ "合",金本作"合念"。

请尊宿

监院、维那内推排一人,外头首内推排一人,并前资勤旧①推排有心力、晓丛林、惯熟了事者数人,具合用钱物、行李人轿等,或舟船要用之物。官疏、院疏、僧官疏、诸院长老疏、施主疏、闲居官员疏、住持帖、本州县开报彼处州县文牒②、官员书信、院门茶榜,并须子细备办③,如法安置。如钱物之类,须选一僧主管收支,不得多用,亦不得太俭,防避官中检点。并不得张皇声势,出于不意为上。

专使一人,先经彼州县下关④牒,然后入院安下。如彼州县不肯发遣,即请回牒,先令专使一人执回牒报本处州县,不得便回。如有文字再请,即依前告彼州县发遣。如无再请文字,方可归院。如彼州县允从,即就院如法礼请。

专使先看知事,计会讫上堂头,人事茶罢,便赍书疏,咨闻礼请。殷勤三请,乃可受之法云圆通禅师每受请,必待三回遣使方受之。

【校记】

① "旧",底本作"资",据金本改。
② "牒",底本作"殊",据金本改。
③ "办",底本、金本作"辨",据文意改。
④ "关",金本作"开"。

尊宿受疏

受疏之法，如是现①住持人，先于方丈三请。如有允意，鸣鼓集众。更须辞让，不得已受之。香薰显示当有法语，请维那宣读，升座②举扬毕，下座与知事、首座、大众贺谢，两展三礼贺辞云：荣迁上刹，喜动丛③林，祖师增辉，人天共庆，下情无任欣跃④之至。谢辞云：叨⑤膺请命，有玷宗风，仰愧诸天，俯惭大众。如所请非⑥现⑦住持人，先诣寮三请。如有允意⑧，住持人升座举白，同众人礼请，然后⑨礼拜住持人受疏。如未⑩经出世，本院专使预备法衣一条，宣疏罢，专使呈献，香薰显示披之当有法语。如有已经出世，即不须也。然后诣⑪法座上座当有法语，举扬毕，下座礼谢住持人，或大展九拜，或两展三礼谢辞⑫云：一生取辨，仰愧先贤，三请既勤，难违上命，下情无任惶惧激切之至。贺词云：囊锥⑬已露，花雨难逃，幸是当仁，伏惟欢庆。次与知事、首座、大众贺谢，两展三礼谢云：叨膺请命，有玷宗风，仰荷吹嘘，不任感激。贺词云：喜受人天之请，荣添佛祖之光，下情无任欣跃之至。次第巡寮一两日，专使特为新住持人。先呈茶榜，次日置食点茶。临行升堂别众，小参之礼，各逐方宜。

如现⑭住持人受请，切不可将院中受用之物衷私随行。如有钱谷交加，须是交割分明。亦不得将院中得力行者移帐前去，亦不得多受本院送路。如合会参随，亦不得令本院失事。然后请先驰兄弟，并具一行合用书信。先驰中⑮选一人下官员、檀⑯越谢书并到状，两人归院打⑰叠。新住持人于起程之日，同大众打包离院住持人在大众后，专使并相送僧俗在新住持人后。

【校记】

① "现"，底本作"见"，二字相通，据金本正。

② "座"，金本作"度"。

③ "丛"，金本作"义"。

④ "跃"，金本作"路"。

⑤ "叨"，底本作"叩"，金本作"明"，据文意改。

⑥ "非"，金本作"玷"。

⑦ "现"，底本作"见"，二字相通，据金本正。

⑧ "允意"，金本作"允意意即"。

⑨ "然后"，金本作"前后"。

⑩ "未"，金本作"来"。

⑪ "诣"，底本、金本作"指"，据文意改。

⑫ "辞"，金本作"词"。

⑬ "锥"，金本作"虽"。

⑭ "现"，底本作"见"，二字相通，据金本正作"现"。

⑮ "驰中"，金本缺。

⑯ "檀"，金本作"擅"。

⑰ "打"，金本缺。

尊宿入院

入院之法，新住持人打包在前，参随在后。如遇迎接，或下笠敛杖问讯，或右手略把笠缘低身。或请就座茶汤，但卸①笠倚杖就坐，不可卸包于尊宿问讯云：路次未得具威仪礼拜。于官员袛揖云：路次衣服不便，且望不罪。入院，于三门下烧香当有法语，就僧堂前解包了，后架洗脚，入堂参圣僧烧香，同参随大展三拜，同巡堂一匝。

维那请就位，触礼三拜。挂搭讫新住持人先到大殿，次土地堂，次真堂，并声法事烧香。知事请入方丈，据座显示讫，知事礼谢，略与人客相见。须臾鸣鼓升堂，次第人事贺谢，如解结之礼贺词云：伏承象驾光据法筵，下情无任喜跃之至。谢词云：自惭非②器，窃据名蓝，下情无任惶恐之至。至晚小参，三日为③准。次日早晨看官，次第人事，择日开堂。才到人事④稍定，便合特为专使、参随，并迎请官员、施主及前资勤旧相伴参随人礼须和会，未入院前，令先驰别打叠一寮安置，候定叠散入诸⑤寮。

【校记】

① "卸"，金本作"却"。
② "非"，金本缺。
③ "日为"，金本缺。
④ "人事"，金本缺。
⑤ "诸"，底本作"请"，据金本改。

尊宿住持

代佛扬化，表异知事，故云传法；各处一方，续佛慧①

命,斯②曰住持。初转法轮,命为出世;师承有据,乃号传灯。得善现尊者长老之名,居金粟如来方丈之地。私称洒扫,贵图③严净道场;官请梵④修,盖为祝延圣寿。故宜运大心,演大⑤法,蕴大德,与大行,廓大慈悲,作大佛事,成大利益⑥。权衡在手,纵夺临时,规矩⑦准绳,故难拟议。然其大体,令行禁止必在威严,形直影端莫如尊重;量才补职略为指踪,拱手仰成慎无掣⑧肘;整肃丛林规矩,抚循⑨龙象高僧;朝晡⑩不倦指南,便是人天眼目。

【校记】

① "慧",金本作"惠",二字相通。

② "斯",金本作"期"。

③ "图",底本、金本作"徒",据文意改。

④ "梵",底本、金本作"焚",据文意改。

⑤ "大",金本无。

⑥ "利益",金本作"益利"。

⑦ "矩",金本作"短"。

⑧ "掣",底本、金本作"彻",据文意改。

⑨ "循",金本作"修"。

⑩ "晡",金本作"辅"。

尊宿迁化

如已坐化,置方丈①中,香花供养。以遗诫偈颂贴牌上,挂灵筵左右。于众尊宿中请法属一人为丧主，如无法属，则请自余住持尊宿②。然后修写遗书，报官员、檀越、僧官、邻近尊宿、嗣法小师、亲密③法属，请僧分头下书。三日后入龛，如亡僧法。入龛时，请尊宿一人举灵座当有法语。法堂上西间置龛，东间铺设卧床衣架、随身受用之具。法座上挂真，法堂上用素幕、白花、灯烛供养之物，真前铺道场。

法事，小师在龛帏之后幕下，具孝服守龛。法堂上安排了，丧主已下礼真讫，然后知事、头首、孝子、大众与丧主相见，丧主已下次第相慰。如有外人吊慰，外知客引到堂上，内知客引于真前烧香致礼竟，与丧主、知事、首座相看。却来幕下慰孝小师，然后却来与丧主茶汤，外知客送出。如有致祭，于真前陈设。若不将带读祭文人来，即本院维那、书记代读。

送葬之仪，合备④大龛，结饰临时，并真亭、香亭、法事花幡。起龛之日，本院随力作一大斋，衬施重于寻常。至时⑤，请尊宿一人举龛当有法语，孝子并行者围绕龛后，次丧主已下送孝人及本院大众等相继，中道而行。官员、施主在大众左右并行，尼师、宅眷随在末后送葬。若焚化，即请尊宿一人举火当有法语。若入塔，即请尊宿一人下龛当有法语，又请尊宿一人撒土当有法语。然十念等，如亡僧之礼，本院应散念佛钱。

归院，请尊宿一人挂真当有法语，且就寝堂内安排丧主已下礼真，相慰而散。知事、头首、孝子等，早暮赴真前烧香，及斋粥二时随众供养。候新住持人入院有日⑥，则移入真堂。其入龛、举龛、下火、下龛、撒土、挂真，并有乳药，丧主重有酬谢⑦。

院门稍似定叠,如上尊宿诸人须当特为陈谢,次第商量请新住持人。知事下状申明,诸院长老及僧官保明申上。如所保未允众情,即本院知事赴官申诉,别行定夺。如官中专行,及令本院委保,亦须及早行遣,免本院久阙住持之人。

【校记】

① "方丈",金本作"方丈又"。
② "宿",金本无。
③ "密",金本作"蜜"。
④ "备",金本作"仪"。
⑤ "时",金本作"特"。
⑥ "日",金本作"白"。
⑦ "谢",金本无。

退　院①

如是年老,或有疾病,或因事故,不得顾恋住持,预先打叠方丈衣钵,及准备包杖。如常住钱物僧供之类,须与知事结绝,文历分明。及堂头公用合行交割,亦具文历拘管,用院印印押,通知事知之。别请一人看守方丈,并主管物色,在侍者寮安下。如方丈衣钵稍多,未退已前,估唱斋僧,及支拨钱物入常住,防有侵损互用之过。退院行李,唯随身衣②物道具而已。如行李太多,即动人讥笑,或别生谤议。金银匹帛,系税及禁榷之物，并不宜带行。亦不得与官员附带书信。及庵子，及不得预修退居院。如欲出本州界远去，即预先方便擘划判凭。若诸事已办③，即令侍者或小师一人下退院状，住持人随后避本院前去，或在别寮安下。如退院后诸处为客安下，只宜将带侍者、行者各一人，不得太多，恐人家院舍动念，自余精粗随众。不得干预院事，及轻议主人、知事、头首长短，亦不得言及旧日住持所有劳绩，及一切点胸担版之事。如经过所在主人请升座或小参，受与不受临时。如非主人所举，及知事、大众礼请，不得擅便受人入室。如已退本院，不宜常在左右及旧院安下，人情极不稳顺，宜深戒之。如病患年老不可去，即随意无害。

重雕补注禅苑清规卷第七

【校记】

①此段金本全缺。

②"衣"，底本作"依"，据文意改。

③"办"，底本作"辨"，据文意改。

卷第八

龟镜文

夫两桂垂阴，一华现瑞。自尔丛林之设，要之本为众僧。是以开示众僧，故有长老；表仪众僧，故有首座；荷负众僧，故有监院；调和众僧，故有维那；供养众僧，故有典座；为众僧作务，故有直岁；为众僧出纳，故有库头；为众僧主典翰墨，故有书状；为众僧守护圣教，故有藏主；为众僧迎待檀越，故有知客；为众僧召请，故有侍者；为众僧看守衣钵，故有寮主；为众僧供侍汤药，故有堂主；为众僧洗濯，故有浴主、水头；为众僧御寒，故有炭头、炉头[①]；为众僧乞丐，故有街坊、化主；为众僧执劳，故有园头、磨头、庄主；为众僧涤除，故有净头；为众僧给侍，故有净人。所以行道之缘十分备足，资身之具百色见成，万事无忧，一心为道。世间尊贵，物外优闲，清净无为，众僧为[②]最。回念多人之力，宁不知恩报恩？

晨参暮请，不舍寸阴，所以报长老也。尊卑有序，举止安详，所以报首座也。外遵法令，内守规绳，所以报监院也。六和共聚，水乳相参，所以报维那也。为成道故，方受此食，所以报典座也。安处僧房，护惜什物，所以报直岁也。常住之物，一毫不犯，所以报库头也。手不把笔，如救头燃，所以报书状也。明窗净案，古教照心，所以报藏主也。韬光晦迹，不事追陪，所以报知客也。居必有常，请必先到，所以报侍者也。一瓶一钵，处重③如山，所以报寮主也。宁心病苦，粥药随宜，所以报堂主也。轻徐静默，不昧水因，所以报浴主也、水头也。缄言拱手，退己让人，所以报炭头、炉头也。忖己德行，全缺应供，所以报街坊、化主也。计功多少，量彼来处，所以报园头、磨头、庄主也。酌水运筹，知惭识愧，所以报净头也。宽而易从，简而易事，所以报净人也。是以丛林之下，道业惟新。上上之机，一生取办④；中流之士，长养圣胎。至如未悟心源，时中亦不虚弃。是真僧宝，为世福田。近为末世之津梁，毕证二严之极果。

若或丛林不治，法轮不转，非长老所以为众也。三业不调，四仪不肃，非首座所以率众也。容众之量不宽，爱众之心不厚，非监院所以护众也。修行者不安，败群者不去，非维那所以悦众也。六味不精，三德不给，非典座所以奉众也。寮舍不修，什物不备，非直岁所以安众也。畜积常住，减克众僧，非库头所以赡众也。书状不工，文字灭裂，非书状所以饰众也。几案不严，喧烦不息，非藏主所以待众也。憎贫爱富，重俗轻僧，非知客所以赞众也。礼貌不恭，尊卑失序，非侍者所以命众也。打叠不勤，守护不谨，非寮主所以居众也。不闲供侍，恼乱病人，非堂主所以恤众也。汤水不足，寒暖失宜，非浴主、水头所以浣众也。预备不前，众人动念，非炉头、炭头所以向众也。临财不公，宣力不尽，非街坊、化主所以供众也。地有遗利，人无全功，非园头、磨头、庄主所以代众也。懒惰并除，诸缘不具，非净头所以事众也。禁之不止，命之不行，非净人所以顺众也。

如其僧众轻师慢法，取性随缘，非所以报长老也。坐卧参差，去就乖角，非所以报首座也。意轻王法，不顾丛林，非所以报监院也。上下不和，斗争坚固，非所以报维那也。贪婪美膳，毁訾粗餐，非所以报典座也。居处受用，不思后人，非所以报直岁也。多贪利养，不恤常住，非所以报库头也。事持笔砚，驰骋文章，非所以报书状也。慢易金文，看寻外典，非所以报藏主也。追陪俗士，交结贵人，非所以报知客也。遗亡召请，久坐僧众，非所以报侍者也。以己妨人，慢藏诲盗，非所以报寮主也。多嗔少喜，不顺病缘，非所以报堂主也。桶杓作声，用水无节，非所以报浴主、水头也。身利温暖，有妨众人，非所以报炉头、炭头也。不念修行，安然受供，非所以报街坊、化主也。饱食终日，无所用心，非所以报园头、磨头、庄主也。涕唾墙壁，狼籍⑤东司，非所以报净头也。专尚威严，宿无善教，非所以报净人也。

盖以旋风千匝，尚有不周，但知舍短从长，共办⑥出家之事。所冀狮⑦子窟中尽成狮⑧子，旃檀林下纯是旃檀，令斯后五百年再睹灵山之会。然则法门兴废，系在僧徒。僧是敬田，所应奉重。僧重则法重，僧轻则法轻。内护既严，外护必谨。设使粥饭主人一期主化，丛林执士偶尔当权，常宜敬待同袍，不得妄自尊大。若也贡高我慢，私事公酬，万事无常，岂能长保？一朝归众，何面相看！因果无差，恐难回避⑨。僧为佛子，应供无殊，天上人间，咸所恭敬。二时粥饭，理合精丰；四事供须，无令阙少。世尊二千⑩年遗荫，盖覆儿孙；白毫光一分功德，受用不尽。但知奉众，不可忧贫。僧无凡圣，通会十方。既曰招提悉皆有分，岂可妄生分别，轻厌客⑪僧？且过寮三朝权住，尽礼供承；僧堂前暂尔求斋⑫，等心供养。俗客尚犹照管，僧家忍不逢迎？若无有限之心，自有无穷之福。僧门和合，上下同心，互有短长，递相盖覆。家中丑恶，莫使外闻；虽然于事无伤，毕竟减人瞻⑬仰，如狮⑭子身中虱，自食狮⑮子肉，非外道天魔所能坏⑯也。若欲⑰道风不坠，佛日常明，壮祖域之光辉，补皇朝之圣化，愿以斯文为龟镜焉。

【校记】

① "炉头"，金本无。

②⑨本节自"为"字至"恐难回避"，金本缺。

③ "重"，底本作"众"，据文意改。

④ "办"，底本作"辨"，据文意改。

⑤ "籍"，底本作"藉"，据文意改。

⑥ "办"，底本作"辨"，据文意改。

⑦ "狮"，底、金本作"师"，据文意改。

⑧ "狮"，底、金本作"师"，据文意改。

⑩ "千"，金本作"十"。

⑪ "客"，金本作"容"。

⑫ "斋"，金本作"齐"。

⑬ "瞻"，金本作"胆"。

⑭ "狮",底、金本作"师",据文意改。

⑮ "狮",底、金本作"师",据文意改。

⑯ "坏",底本作"庆",据金本改。

⑰ "欲",金本作"敬"。

坐禅仪

夫①学般若菩萨,先当起大悲心,发弘誓愿,精修三昧,誓度众生,不为一身独求解脱。尔乃放舍诸缘②,休息万事,身心一如,动静无间。量其饮食,不多不少;调调其睡眠,不节不恣。欲坐禅时,于闲静处,厚敷坐物,宽系衣带,令威仪齐整。然后结跏趺坐,先以右足安左䏶上,左足安右䏶上。或半跏趺坐亦可,但以左足压右足而已。次以右手安左手③上,左掌安右掌上,以两手大拇④指面相拄⑤,徐徐举身前欠,复左右摇振,乃正身端坐,不得左倾右侧,前躬后仰。令腰脊头项骨节相拄⑥,状如浮屠。又不得耸身太过,令人气急不安。要令耳与肩对,鼻与脐对,舌拄⑦上鄂,唇齿相著。目须微开,免致昏睡。若得禅定,其力最胜。古有习定高僧,坐常开目。向法云圆通禅师亦呵人闭目坐禅,以谓黑山鬼窟,盖有深旨,达者知焉。身相既定,气息既调,然后宽放脐腹,一切善恶都莫思量,念起即觉,觉之即失,久久忘缘,自成一片。此坐禅之要术也。

窃谓坐禅乃安乐法门,而人多致疾者,盖不善用心故也。若善得此意,则自然四大轻安,精神爽利,正念分明,法味资神，寂然清乐。若已有发明者，可谓如龙得水，似虎奔山。若未有发明者，亦乃因风吹火，用力不多。但办⑧肯心，必不相嫌。然而道高魔盛，逆顺万端，但能正念现前，一切不能留碍。如《楞严经》、《天台止观》、《圭峰修证仪》具明魔事，预备不虞者，不可不知也。

若欲出定，徐徐动身，安详而起，不得卒暴。出定之后，一切时中常作方便，护持定力，如护婴儿，即定力易成矣。

夫禅定一门最为急务，若不安禅静虑，到这里总须茫然。所以探珠宜静浪，动水取应难。定水澄清，心珠自现，故《圆觉经》云"无碍清静慧，皆依禅定生"，《法华经》云"在于闲处，修摄其心，安住不动，如须弥山"。是知超凡越圣，必假静缘；坐脱立亡，须凭定力。一生取办⑨尚恐蹉跎⑩，况乃迁延，将何敌业？故古人云："若无定力，甘伏死门，掩目空归，宛然流浪。"幸诸禅友，三复斯文，自利利他⑪，同成正觉。

【校记】

① "夫"，底本作"尽"，据金本改。

② "缘"，底本作"像"，据金本改。

③ "左手"，金本作"足"。

④ "拇"，金本作"母"。

⑤ "拄"，金本作"柱"。

⑥ "拄"，金本作"柱"。

⑦ "拄"，金本作"柱"。

⑧"办"，底、金本作"辨"，据文意改。
⑨"办"，底、金本作"辨"，据文意改。
⑩"蹉跎"，底本作"骞驼"，金本作"骞"，据文意改。
⑪"他"，底本作"佗"，据金本改。

自警文

神心洞照，圣默为宗；既启三缄，宜遵四实；事关圣说，理合金文，方能辅冀教乘，光扬祖道；利他自利，功不浪施。若乃窃议朝廷政事，私评郡县官寮；讲国土之丰凶，论风俗之美恶，以至工商细务，市井闲谈，边鄙兵弋，中原寇贼，文章伎艺，衣食财货，自恃己长，隐他①好事，揄②扬显过，指摘微瑕，既乖福业，无益道心。如此游言，并伤实德。坐销信施，仰愧龙天。罪始滥觞，祸终灭顶。何也？众生苦火，四面俱焚，岂可安然，坐谈无义？

【校记】
①"他"，底本作"佗"，据金本改。
②"揄"，金本作"榆"。

一百二十问

敬佛法僧否？　　　求善知识否？
发悟菩提心否？　　信入佛位否？

古今情尽否？　　安住不退否？
壁立千仞否？　　斋戒明白否？
身心闲静否？　　常好坐禅否？
绝默①澄清否？　　一念万年否？
对境不动否？　　般若现前否？
言语道断否？　　心行处灭否？
见色便见心否？　　闻声便见性否？
达磨面壁否②？　　龙牙隐身否？
千手千眼否？　　古佛与露柱相交否？
至道无难否？　　似地擎山否？
迷逢达磨否？　　庵内人不见庵外事否？
南山起云北山下雨否？　　狮③子奋迅否？
慈悲开示否？　　护法亡躯否？
古教照心否？　　三观澄神否？
游戏三昧否？　　普门示现否？
深穷六祖否？　　洞照十玄否？
融六位圆因否？　　即十身果海否？
会信首文④殊否？　　入位后普贤否？
威仪详定否？　　语言端审否？
心口相应否？　　不自赞毁他否？
能退己让人否？　　能知人功德否？
不说人罪过否？　　不恶难问否？
不好戏笑否？　　常乐默然否？
不欺暗室否？　　处重⑤如山否？

常行谦下否？　　　　和合无诤否？
立事得中否？　　　　乐闻善言否？
不恶直言否？　　　　安受苦忍否？
能忍恶骂否？　　　　能降喜心否？
不追陪人事否？　　　不懒惰梵⑥修否？
不侵损常住否？　　　不互用财物否？
不蓄金银财宝否？　　不藏书画器玩否？
不从人乞贷否？　　　知不蚕而衣否？
知不耕而食否？　　　知不战而安否？
受用知足否？　　　　能节饮食否？
行施⑦不倦否？　　　受施不贪否？
衣钵无余否？　　　　不为利说法否？
不求人爱敬否？　　　不贪利弟子否？
不希求名誉否？　　　不近王臣否？
不恃作形势否？　　　不干预公家否？
谨畏王法否？　　　　不占相吉凶否？
不亲厚女人否？　　　不妒贤能否？
不嫉他胜否？　　　　不轻贫⑧贱否？
护人意根否？　　　　不恼害有情否？
常行放生否？　　　　常念护生否？
敬老慈幼否？　　　　安养疾病否？
悯念牢狱否？　　　　能惠饥寒否？
远悲攻⑨战否？　　　等视华夷否？
报王臣统治恩否？　　答父母生育恩否？

酬师友训导恩否？　　念檀越供给恩否？
怀亲知赞助恩否？　　顾给侍勤劳恩否？
恩龙天荷护恩否？　　知兵将守御恩否？
恤诸天衰恼否？　　　悯人间八苦否？
伤修罗战斗否？　　　悼鬼趣幽愁否？
哀旁生痴暗否？　　　痛地狱悲酸否？
怨亲平等否？　　　　普敬如佛否？
普爱如父母否？　　　誓度无余否？
三时点检否？　　　　一生事办⑩否？
得大自在否？　　　　证大涅槃否？

【校记】

① "默"，金本作"点"。

② "达磨面壁否"，金本行间有"古佛与露柱相交否"数字。

③ "狮"，底本、金本作"师"，据文意改。

④ "文"，底本作"丈"，据金本改。

⑤ "重"，底本作"众"，据文意改。

⑥ "梵"，底本、金本作"焚"，据文意改。

⑦ "施"，金本作"弛"。

⑧ "贫"，金本作"贪"。

⑨ "攻"，底本作"收"，据金本改。

⑩ "办"，底本、金本作"辨"，据文意改。

诫沙弥

未披剃前，准备五条正合披①五条缦衣、裙衫、锁②子、鞋袜。先受五戒，次受十戒。切不得著③七条、九条，及用头钵，坐卧僧床，与大僧杂处。如礼见大僧，应称某是沙弥，恐④烦大僧答拜。既受沙弥戒法，应须忆念遵行。若犯沙弥戒，即不得大⑤僧戒。常应精勤礼念，志求大戒，及读诵《沙弥戒经》。

书填状式：某院童行姓某，右某年若干，本贯某州某县某乡人氏⑥，或郭下人氏⑦，昨于某年某月某日到院出家有父母即云父母送到出家，礼住持僧某为师，今买到如客处买到，即称买到客⑧人某甲名下某处某字号空名度牒一道，欲乞书填为僧，并无诸般违碍，请申状云云⑨。年月日具前位姓某状。

重雕补注禅苑清规卷第八

【校记】

① "披"，金本作"彼"。

② "锁"，金本作"锁"。

③ "著"，金本作"着"。

④ "恐"，底本作"恣"，据金本改。

⑤ "大"，底本作"六"，据金本改。

⑥ "氏"，底本、金本作"事"，据文意改。

⑦ "氏"，底本、金本作"事"，据文意改。
⑧ "客"，金本作"各"。
⑨ "云云"，金本作"云"。

卷第九

沙弥受戒文

行者初请得度牒，以①箱复托呈本师并知事、头首，各礼谢三拜。选日剃度，维那司请受戒一人、引请阇梨一人、作梵阇梨一人，隔宿剃头，但顶心留方寸许②。至日，僧堂或法堂上安排，设戒师高座，前铺毡席，香案③上用手炉、净瓶、戒文并界方二条。又相对戒师设作梵阇梨座，并磬一④口。如⑤在法堂上，即别安圣像，香华供养。桌⑥子二只，箱复二⑦面，一安袈裟，一安裙衫。在圣僧或圣像前列之堂下，安排拜席一领。

事办⑧集众若用法事迎引，从童行堂至土地堂及大殿，然后入僧堂内，剃头行者诸处各礼三拜，剃头行者即从僧堂前祗候，大众集定，戒师、二阇梨于圣像前大展三拜讫，戒师作梵，阇梨就座，乃入法事。

引请阇梨于戒师前大展坐具三拜，胡跪合掌。

戒师问，引请答。

僧集否？已集。和合否？和合。僧今和合何所作为？为当院行者某甲剃头受戒。可尔。

引请阇梨收坐具起，引行者入堂。

行者于圣僧前礼三拜，闻磬声礼，闻磬声起。又礼戒师三拜，胡跪合掌。

引请阇梨亦展坐具，胡跪合掌。

作梵阇梨作优波离梵，如不能，即作云何梵。云何于此经，究竟到彼岸？愿佛开微密咒香，广为众生说。为剃头受戒者说。

戒师闻梵声秉炉，至微密处咒香，并熏显戒文云：戒香、定香、慧⑨香、解脱香、解脱知见香，光明云台遍法界，供养十方无量佛、十方无量法、十方无量僧⑩，见闻普熏证寂灭，一切众生亦如是。

戒师梵终叠云：为剃头受戒者说，即将今晨开启剃头受戒功德，回向皇帝万岁，臣统千秋，天下太平，法轮常转；龙天土地，增益威光，护法护人，无诸难事；十方施主，福寿庄严；合道场人，身心安乐；师长父母，道业超隆；剃头沙弥，修行无障；三涂八难，咸脱苦轮；九有四生，俱登觉岸。仰凭尊众念清净法身云云，至⑪摩诃般若波罗蜜。

引请阇梨秉炉云：请师言句，汝合自陈。汝若不能，随我声道，至某甲处称名。大德一心念我某甲，今请大德为我作剃头受戒阿阇梨，我依大德故得剃头受戒，慈悯故三⑫说，第三叠慈⑬悯故三遍。

行者⑭第一第二第三各小礼三拜。又大礼三拜，胡跪合掌。

善男子每呼善男子，即当应诺，心源湛寂，法海渊深，迷之者永劫沈沦，悟之者当处解脱。欲专妙道，无越出家。放旷喻如虚空，清净同于皎月。修行缘具，道果非遥。始从克念之功，毕证无为之地。所以大觉世尊舍金轮之宝位，子夜逾城；

脱珍御之龙衣，青山断发。容鹊巢于顶上，挂蛛网于眉间。修寂灭而澄真常，断尘劳而成正觉。三世诸佛，不说在家成道；六代祖师，阿谁行染度人？所以佛佛授手，祖祖相传，不染世缘，方成法器。故得天魔拱手，外道归心，上酬四重之恩，下⑮济群生之苦。所以云：流转三界中，恩爱不能舍，弃恩入无为，直是报恩者。出家之后，礼越常情，不拜君王，不拜父母。汝今可离此座，想念国王水土之恩，父母生成之德，专精拜辞，后不拜也。

引请阇梨收坐具起，引行者同问讯出堂。

行者于堂下拜辞国王父母，舍俗服，著裙衫讫，引请阇梨引于圣像前礼三拜，就戒师座下礼一拜，近前胡跪合掌。

戒师诵偈，执瓶水灌顶，并剃发少许，计傍僧同诵。

善哉大丈夫，能了世无常，弃俗超泥洹⑯，希有难思议三说，沙弥退身礼三拜。

引请阇梨引行者于本师座前礼一拜，近前胡跪合掌。

本师执刀云："最后一结，谓之周罗，唯佛一人，乃能断之。我今为汝除去顶发，汝今许否？"答曰："可尔。"本师云："仰大众同声诵落发偈。"

毁形守志节，割爱辞所亲，出家弘圣道，誓度一切人三说，退身礼一拜，复于师前胡跪合掌。

本师持袈裟诵偈云：

大哉解脱服，无相福田衣，披奉如来戒，广度诸众生。

沙弥披袈裟讫礼本师三拜，礼圣像三拜，礼戒师三拜，胡跪合掌。

引请阇梨亦展坐具，胡跪合掌。

善男子，法如大海，渐入渐深。汝既出家，当先受三归五戒，方得近事大僧。次受沙弥十戒，乃可同僧利养。事在专诚，不宜慢易。我今为汝召请三宝证明佛事兼以至十戒竟。

奉请无边佛宝，海藏金文，十地三贤，五果四向，同垂咸⑰降，共作证明三说。

善男子，欲求归戒，先当忏涤愆瑕。如人浣衣，然后加色。汝今至诚，随我忏悔。

我昔所造诸恶业，皆因无始贪嗔痴，众身口意之所生，一切我今皆忏悔。

善男子，汝既净治身口意业，次应归依佛法僧宝。

归依佛，归依法，归依僧。归依佛两足尊，归依法离欲尊，归依僧众中尊。归依佛竟，归依法竟，归依僧竟。

如来至尊等正觉，是我道师，我今归依。从今已去，称佛为师，更不归依邪魔外道，慈悯故三说，第三叠慈悯故三遍。

沙弥第一第二第三各小礼一拜，大礼三拜，胡跪合掌。

善男子，汝既舍邪归正，戒已周圆。若欲识相护持，应受五戒。

尽形寿，不杀生，不偷盗，不淫欲，不妄语，不饮酒，是五戒相，汝能持否？答云能持。上来五支净戒，一一不得犯，汝能持否？答云能持三问三答。是事如是持。

沙弥大礼三拜，胡跪合掌。

善男子，五戒为入法之初因，出三涂之元首。次受沙弥十戒，即形备法仪，北称勤策，依师而住，受利同僧。是为应法沙弥，应当顶受。

尽形寿，不杀生，不偷盗，不淫欲，不妄语，不饮酒，不花鬘璎珞香油涂身，不歌舞作唱故往观听，不坐卧高广大床，不非时食，不捉金银钱宝，已上十事是沙弥戒，汝能持否？答云能持。上来十支净戒，一一不得犯，汝能持否？答云能持三问三答。是事如是持。

沙弥大礼三拜，胡跪合掌。

善男子，汝今受戒之后，当须顶戴奉持，不得违犯。所持戒律，供养三宝，勤种福田。于和尚阿阇梨，一如法教。于上中下座，心常恭敬。精进行道，报父母恩。衣取布素，不以文彩。食取支命，不得嗜味。花香脂粉，无以近身。好声邪色，一无视听。徐言持正，勿宣人短。傥有争者，两说和合。男女有别，草木无伤。非贤不友，非圣不宗。法服应器，常与人俱。非时不食，非法不言。精勤思议，温故知新。坐则禅思，起则讽诵。闭三恶道，开涅槃门。于比丘法中增长正业，菩提心而不退，般若智以长明。普度众生，祈成正觉。用心如此，真佛弟子。

作梵阇梨作神仙梵云：神仙五通人，作者于咒术，为彼惭愧者，摄诸不惭愧。如来立禁戒，半月半月说，已说戒利益，稽首礼诸佛。

戒师闻梵声秉炉，至梵终回向云：上来剃头受戒，先用回向堂头和尚，常为苦海津梁；执事高人，永作法门梁栋；合堂清众，同乘般若之舟；剃头沙弥，速至菩提之岸。四恩总报，三有齐资，法界众生，同圆种智。为如上缘，念十方三世一切诸佛、诸尊菩萨、摩诃般若波罗蜜[18]。

作梵阇梨鸣磬云：处世界，如虚空；如莲花，不著[19]水。心清净，超于彼，稽首礼，无上尊。

归依佛得菩提道心常不退，

归依法萨般若得大总持门，

归依僧息诤论同入和合海。

上来剃头受戒，功德无限，殊胜良因，散周沙界，和南圣众。

引请阇梨闻处世界收坐具起，令沙弥礼拜。

沙弥大礼戒师三拜，次礼圣僧[20]三拜，问讯出堂门[21]外立。

戒师、二阇梨于圣僧[22]前大展三拜，出堂外立。僧堂前鸣小钟子三下，大众下堂，各具威仪，于法堂上礼贺住持人如法堂上剃头，即于寝堂内礼贺。

戒师、二阇梨一展云：蒙[23]差受戒，不敢告辞。人事荒疏，久淹尊重，下情无任惶[24]恐之至。又一展叙寒暄[25]云：伏惟和尚尊体起居万福。仍又[26]触礼三拜。住持人云：沙弥披[27]剃，有烦道用，即容诣寮陈谢。知事礼贺一展云：法门有幸，神足披缁，下情无任喜跃之至。又一展叙时暄，又礼三拜。住持人云：沙弥披[28]剃，有烦荷觉[29]，即容诣寮陈谢。大众礼贺贺[30]词同知事。住持人云：此者沙弥受戒，有烦证明，即容诣寮陈谢。侍者小师礼贺大展三拜云：沙弥得度，举众同欢，仰对尊慈，倍深喜跃。又三礼叙时暄，又礼三拜[31]也。知事大众归寮，各具香火，排立祗候。是时大众才退，沙弥礼三礼云：叨[32]圆[33]顶相，幸挂田衣[34]，遂[35]脱尘牢，永抛[36]爱网，下情无任感激之至。三礼叙[37]寒暄，又礼三拜，住持人巡寮过，乃礼知事、头首、戒师、阇梨并诸法眷。

　　谢大戒词万岁天宁之节,特㊳启霜台三翻,羯磨既圆,已登戒品。此盖某人宿承佛记,誓度群迷,唯㊴将系草之心,上答浮囊之赐。下情㊵无任㊶感激之至。

【校记】

① "以",金本作"次"。

② "方寸许",金本作"方寸许方请"。

③ "案",金本作"按"。

④ "一",金本缺。

⑤ "如",金本缺。

⑥ "桌",底本作"卓",金本作"棹",据文意改。

⑦ "复二",金本作"杨一"。

⑧ "办",底本、金本作"辨",据文意改。

⑨ "慧",金本作"惠"。

⑩ "十方无量法,十方无量僧",底本作"十方无量法无量僧",金本作"十方无量僧,十方无量法",据文意改。

⑪ "至",金本作"至十佛名"。

⑫ "三",金本缺。

⑬ "慈",金本缺。

⑭⑱ "行者"至"摩诃般若波罗蜜",金本缺。

⑮ "下",底本作"上",据文意改。

⑯ "洹",底本作"沍",据文意改。

⑰ "咸",底本作"感",据文意改。

⑲ "著"，金本作"着"。
⑳ "僧"，金本作"像"。
㉑ "门"，金本无。
㉒ "僧"，金本作"像"。
㉓ "蒙"，底本作"人"，据金本改。
㉔ "惶"，底本、金本作"皇"，据文意改。
㉕ "暄"，金本作"时"。
㉖ "仍又"，金本作"乃"。
㉗ "披"，金本作"被"。
㉘ "披"，金本作"扣"。
㉙ "荷觉"，金本作"道用"。
㉚ "贺"，底本作"资"，据金本改。
㉛ "拜"，底本作"礼"，据金本改。
㉜ "叨"，金本作"切"。
㉝ "圆"，金本作"员"。
㉞ "衣"，金本作"网"。
㉟ "遂"，金本作"遂足"。
㊱ "抛"，金本作"池"。
㊲ "叙"，底本缺，据金本补。
㊳ "特"，金本作"时"。
㊴ "唯"，金本作"时"。
㊵ "情"，底本作"想"，据金本改。
㊶ "任"，金本作"住"。

训童行

童行初来投院，师主审问根源。若具正因，方可容纳。如其意图衣食，规避徭役，因事遁窜，及父母不允者，并不可留。

投院状式：投院童行姓某名①某，年若干，本贯某州某县②某乡某里人氏③或是郭下人氏④，在身并无雕青刑宪，及诸般违碍。今为生死事大，久慕空门，蒙父母情允，许舍入本院出家为童行如无父母，即云今欲投院出家为童行，伏乞堂头和尚慈悲容纳。谨状年月日，具前位某押状送。如有父母，即连状书名。住持人押状付知事。新到童行于库司参礼讫，将行李入童行堂，参礼堂主讫，堂主挂搭，并指床位。至晚参大众，行者巡堂立定，堂主将新到礼参头已下，三礼或六礼，不答礼。巡堂一匝，下位立。今具规矩如后。

夫道不孤运，弘⑤之由人。欲成清净丛林，不可遗于细行。而况布金地上，选佛场中，既预出家，宜深庆幸。今兹教示，略举三章，若善依行，方为佛子。

立身第一。近事大僧，当持五戒。一不杀生有命之属，不得而杀，二不偷盗不与而取⑥，皆为盗也，三不淫欲远离淫欲，如避火坑，四不妄语出家之人，诚信为本，五不⑦饮酒食肉宁舍身命，无犯此戒。除斋粥外，并不得杂食所谓果子并菜粥饮饼饭，并不应食。非常住差使，不得出门。非大缘事，不得请假。又参禅问道者，收摄身心，不得散乱。念经求度者，温习经业，不得懒堕。又常念修行报答王臣荷戴之恩，施主供给之恩，父母养育之恩，师长教导之恩。又常思惟父母亡殁者，恐入恶道，应以修行济拔；父母见在者，劝令归依三宝，发菩提心。又著衣吃饭，常知来[8]处，若不修行，何门报答？又行者上衣直裰为正，自余俗服非出家衣也。鞋须白色，不得紫皂。须系腰条，不用勒巾答髆。又衣服常须净洁整齐，直裰下不得露裤口，冬夏当打脚绑。又听参行益，及赴茶汤，须具鞋袜。行须敛手，坐必端身。不得倚靠，不得掉臂，及不得把臂同行。又诸处逢师僧，当敛身[9]避路，问讯令过。见官员施主同行，先当问讯僧家，次当袛揖官员施主。既出家持戒，著真田衣[10]，并不得跪拜俗家。虽见父母，只得袛揖。又不净之手，不得捉经卷，拈掇护净之物香炉、花瓶、众僧受用饮食之器。又粥饭二时，各念《心经》三卷，报答十方施主，供给僧行，劳形丧命，人畜微虫。端心授食，不得说话。每日晚参，于佛殿前礼佛，并须专心唱礼，不得心缘他事，口和音声。如常住作务罢，参禅者屏处宴坐，念经者上案诵习，不得相[11]聚戏笑，及[12]说非义之言[13]。若相骂相打，种种违净，并非出家之人，切宜禁戒。晚参后无事不可过堂西，并堂头、库下、行者寮、作务处所，及于屏处闲话。有智之人，递相警察[14]。凡为行者，须是立身孤洁，作事明白，不得事涉嫌疑，点污清众[15]。

　　陪众第二。既已出家参陪清众，常念柔和善顺，不得我慢贡高。大者为兄，小者为弟。徐言持[16]正，勿宣[17]人短。傥有诤者，两相和合。但以慈心相向，不得恶语伤人。若也欺凌同列，走扇是非，如此出家，全无利益。他人财物，不得擅使。

别[18]人衣被，不得自移。不得床上立地著[19]衣，不得背圣僧上床。若揭门帘，常垂后手，不得敲磕作声。堂中不得露头衫[20]衣。打静已后，未末静已前，除常住事，不得于堂内及近童行堂说话。常中不得书写毁画，破坏墙壁。不得悬挂书画图帧[21]，及榜贴闲杂文字。脚头不得安经案，床头不得置枕屏。旧衣鞋袜安置床下，衣单枕被常令整齐。堂中寻常不得高声说话，喧乱大众，常须蹑足轻行。非自己衣单下，不得坐卧闲话。参头、堂主常切提举，亦仰邻床呵责禁止。炉中不得拨火，及敲火箸，作声炉中。不得久坐，有妨众人。打板[22]茶汤，并须齐赴。看经寮舍，令打叠净洁，不得说话。浴室内不得裸形，及不得高声语笑。不得床上立地著衣，及堂上立地梳头。堂主常管打静，闲静行者闻开静便起，不得耽著[23]睡眠。若授利养钱物，不得隐匿，当白入众抽分一。

作务第三。闻普请板[24]，须管及早齐赴。上案处不得说话，恐唾堕落众僧食内，获罪不小[25]。普请处不得高声说话，何况喧闹叫笑？常须静默，令俗人生善。欲行益时，先挽起衣袖，洗手令净。僧堂前不得说话，不得倚靠斜立，不得撒手无礼。轻放家事，不得作声。入僧堂[26]不得急行大步，应当安详。次第行益，须看众僧各人所要多少，临时斟酌。不得垂手提盐醋桶子。行益处如嚏[27]喷咳嗽，须当背身。若异桶者，敛闲手当胸，不得垂臂。堂头、库下、诸寮舍供过行者，常切小心护惜常住财物家事，犹如眼睛[28]。及尽心扶侍[29]，不得令住持、知事、众僧动念。如当次普请作务画时，各归供过处所。厨中局次行者，各尽己长，办[30]集僧事。常令饮食及锅灶家事,犹先和会,不得临时争竞㉛。各宜道心供众,勿惮勤苦。今虽小务,后获大利。诸殿堂行者,当管洒扫净洁,香花供养,切在整齐。或遇风起,诸殿堂不得点灯。每日下供养,当礼拜发愿,愿四恩三有,土地龙天,法界众生,同圆种智。打钟行者,不得失时。常令洒扫,并斋时烧香礼拜,愿闻钟声,皆得解脱。门子行者,检察㉜出入僧行。无故上街及颇请假出入者,常切照管。谨慎火烛、火头上火,常知紧慢,不得与局次行者相违。堂头、库下茶头行者,常宜照管火烛,及点检㉝茶汤。园头行者,常令勤劳,同心供给大众,不得懒倦辞避。及守护行者,凡所作务,皆听园头支拨,不得误事。诸庄行者,所托非轻。第一清廉,不侵常住;第二了事,不惹官方;第三善巧,调和行者、庄客与庄舍和睦,不令斗争;第四知时,耕田下种,各务合宜;第五慈心,照管头口,勿令羸瘦,及不得令使牛人乱有鞭打;第六护戒,钤㉞束行者不作非违之事,防闲㉟庄客不偷常住钱谷;第七精勤,常诣地头照管地界,及诸色田苗;第八明本,不为供勤三宝,则是劳而无功㊱。车头行者,常须照管头口充㊲肥,及不少欠斛斗。在外止宿之处,看守草料,惜护行止,不得饮酒食肉,及作非违之事。

参头、堂主,常务公心统众,不得挟私。众人有过,须当举白,大则覆知事、住持人行遣,小则报典座罚钱。入众行者等,若参头支拨,不得违背,稍有稽迟。

右前件㊳规矩,并是出家细行。如能委曲推行,便为得度之本也。他㊳时若获披剃,高僧轨范,一切见成。却以此法教示初机,自然令法久住。如知而故犯,犯而不悔,非惟辜㊵负四恩,虚沾信施，龙天土地㊶，皆所不容，业果三涂，何所逃避？既是出家之辈，自当因果分明。时中不昧正因，便是成佛有分。

重雕补注禅苑清规卷第九

【校记】

① "名"，金本作"右"。
② "县"，金本作"观"。
③ "氏"，底、金本作"事"，据文意改。
④ "氏"，底、金本作"事"，据文意改。
⑤ "弘"，底本作"引"，据金本改。
⑥ "取"，金本作"与"。
⑦ "不"，金本无。
⑧ "来"，金本作"如来"。
⑨ "敛身"，金本作"敛身避身"。
⑩ "著真田衣"，底本作"著直田衣直裰"，据金本改。
⑪ "相"，金本作"群"。
⑫ "及"，底本作"又"，据金本改。
⑬ "言"，金本作"语"。
⑭ "察"，金本作"寮"。
⑮ "众"，金本作"泉"。
⑯ "持"，金本作"特"。
⑰ "宣"，金本作"宜"。
⑱ "别"，金本作"他"。

⑲ "著",金本作"着"。

⑳ "衫",底本作"衩",据金本改。

㉑ "帧",底本作"慎",据金本改。

㉒ "板",底本作"版",据金本改。

㉓ "耽著",金本作"眺着"。

㉔ "板",底本作"版",据金本改。

㉕ "小",金本作"少"。

㉖ "堂",底本作"室",据金本改。

㉗ "嚏",金本作"㖡"。

㉘ "睛",金本作"精"。

㉙ "侍",底本作"持",据金本改。

㉚ "办",底本、金本作"辨",据文意改。

㉛ "竟",金本作"竟"。

㉜ "检察",底本作"捡寮",据金本改。

㉝ "检",底本作"捡",据金本改。

㉞ "钤",金本作"铃"。

㉟ "闲",金本作"关"。

㊱ "功",底本作"切",据金本改。

㊲ "充",金本作"既"。

㊳ "前件",金本作"件前"。

㊴ "他",底本作"佗",据金本改。

㊵ "辜",金本作"事"。

㊶ "龙天土地",金本作"天上地下"。

卷第十

劝檀信

在家菩萨，先当事佛，务极严谨。永断荤酒，坚守斋①法。于诸欲染，誓不拟犯。亲近知识，发明己见。随其悟入，如理修行。若初心之士未能顿除荤酒，且食早素。一月之间，已能减半。久习淳熟，自能永断常斋②。及欲障厚者，先且奉行五戒，然后进登菩萨清净大戒。若未能亲近知识者，但应读诵大乘，助发正见。若未悟摩诃般若者，但依佛语修行，时中亦不虚弃。学般若菩萨应当勤发愿云："南无佛，南无法，南无僧，愿身心安乐，进道无魔，般若光中，念念之间，常以般若发悟一切众生，普愿一切众生顿悟摩诃般若波罗蜜多，同成③无上正遍知觉。

【校记】

① "斋"，金本作"齐"。
② "斋"，金本作"齐"。
③ "成"，金本作"正"。

斋僧仪

斋僧之法，以敬为宗。但①依僧次延迎，不得妄生轻重。凡夫肉眼，谁辨圣贤？误起轻心，定招薄福。或有亲临梵刹，就设斋②筵，此人来世之中③，必感自然之报。然而清净福田，理应专一。不宜多招宾客，杂乱正因。设④携亲友随喜胜缘，但可饮食均平，请各随众，不可容居高位，倍享精丰；僧在下流，随缘澹薄。设斋之日，亦应慎护三业，不得饮酒食肉。若能如此，福德无量。

【校记】

① "但"，金本作"祖"。
② "斋"，金本作"齐"。
③ "之中"，金本作"之中之中"。
④ "设"，金本作"误"。

百丈规绳颂

按百丈大智禅师，以禅宗肇自少室，至曹溪已来，多居律寺。虽则别院，然于说法住持，未合轨度，故常尔介怀，乃曰："祖宗之道，欲诞布化，冀其将来永不泯者，岂当与诸部阿笈摩教①为随行耶？"旧梵语阿含②，新云阿笈摩，即③小乘教也。或曰："《瑜伽论》、《璎珞经》，大乘戒律，何不依随耶？"师曰："吾所宗非局大小乘，非异大小乘，当博④约折中，设于制范，务其宜也。"于是创意别立禅居。

昔时居律寺，别院启禅门。

大智禅师后，方知祖道尊。

凡具道眼有可尊⑤之德者，号曰长老。如西域道高腊⑥长呼须菩提等之谓也。既为化主，即处于⑦方丈。同净居之室，非私寝之室也。

道德兼隆者，方能嗣祖宗。

须菩提雅号，无垢称家风。

不立佛殿，唯构法堂者，表佛祖亲受，当代为尊也。

入门无佛殿，升座有虚堂。

即此传心印，当知是法王。

所裒学众无多少，二⑧无高下，尽入僧堂中依夏次安排。设长连床、椸架挂搭道具。

学徒无众寡，高下入僧堂。

道具安椸架，周围设广床。

卧必斜枕床唇，右肋吉祥睡者，以其坐禅既久，略偃息而已。具四威仪也。

斜枕床唇卧，安祥右肋眠。

暂时调四大，敷坐复安禅。

除入室请益，任学者勤怠，或上或下，不拘常准。

入室参玄理，抠⑨衣请益时，

任他勤与怠，上下勿常仪。

其阖院大众朝参夕聚，长老上堂升座主事，徒众雁立侧聆，宾主问酬，激扬[10]宗要者，示[11]依法而住也。

夕聚晨参处，师徒集会时，

升堂须雁立，侧耳听玄微。

斋粥随宜，二时均平[12]，其节俭者，表法食双运也。行普请法者，上下均力也。置十务谓之寮舍，每用首领一人管多人营事，令各司其局也主饭者自为饭头，主菜者自为菜头[13]，余皆仿此。

法食宜双运，精粗且过时，

诸头分局务，普请贵匀齐。

或有假号盗形，混于[14]清众并别致喧挠之事，即堂司、维那捡[15]举，抽下本位挂搭，摈令出院者[16]，贵安清众也。

不信天真佛，来为假比丘，

即时抽挂搭，去矣莫回头。

或有所犯，即须集众以拄[17]杖杖之，焚烧道具，逐从偏门而出者，示耻辱也。

犯众焚[18]衣钵，应当集众人，

山藤聊示耻，驱摈出偏门。

详此条例，有四种益：一不污清众，生恭信心故。三业不善，不可共住，准律合用梵坛治之，当驱出院，清众既安，恭信生矣。二不毁僧形，徇佛制故。随宜惩罚，得留法服，后必悔之。三不扰公门，省狱讼故。四不泄于[19]外，护纲宗故。四来同居，凡圣孰辨？且如来应世，尚有六群[20]之党，况今像末，岂得全无？向见有辈，但见一僧有过，便雷同讥诮，殊不知以轻众慢法，其损甚大。今禅门若无妨害者，宜依百丈丛林格式，量事区分。虽立法防奸未为贤士㉑，然宁可有法而无犯，不可有犯而无教。推百丈禅师护法之益，其为大矣！

摈㉒逐成何益？安禅不毁僧，

公门无狱讼，祖席播嘉声。

今禅门别行，由百丈之始。略叙大要，偏示后来学者，贵不忘其本也。诸方自古共遵所济众务、急救弊之要者，凡三十件，用示方来，切在详禀，确志维卫，永成轨范。俾丑迹秽声，无流外听。不唯叔世禅林之光茂，亦乃护法之一端耳。其事件名数，条牒如左㉓。

百丈存纲领，诸方酌古今，

始终三十事，一一护丛林。

一、堂司凡挂搭僧人，须依六念上戒腊㉔资次安挂。或寺门主执，及化导回，只可移上三五位。如经坐次已高，不可更移。或监收及小头首，不用移改。或诸方僧，或辅弼丛席道德名望者，先挂搭毕，后白住持人高低移上，切在临时。

安僧排戒腊㉕，执事略推移，

小小诸头首，还应似旧时。

辅弼丛林者，名高道德尊㉖，

到时先挂搭，方禀住持人。

一、参时巡堂，须依挂搭次第，入堂及晚参巡堂罢，各归寮舍问讯后，却来展单。

晚参逢念诵，寮舍暂须还，

问讯并汤罢，回来却展单。

一、新到三日内，且于堂中候赴茶汤，未可便归寮舍。及粥后偃息，须当早起，免见堂中寻请借问，喧动[27]清众。

初来三日内，祗候赴茶汤，

粥后宜先起，时中且在堂。

一、新到山门时，特为点茶，其礼至重。凡接送盏[28]橐，切在恭谨，祗揖上下，不可慢易，有失礼仪。

山门如特为，礼意重于山，

趁赴依时节，身心莫等闲。

一、请假游山，只可半月。或过限者，须呈祠部，再守堂仪。如违则准院施行。

请假游山者，还将半月期，

过时重挂搭，依旧守堂仪。

一、新到挂搭后，或起他游，须候十五日堂仪满，仍白堂司，方可前去，贵消落床历。

堂仪经半月，起必报堂司，

所贵消床历，如今去不辞。

一、遇开启圣节道场，或欲起离云游，须候[29]一次[30]上殿看经，方可前去，无自轻易。

福田衣下客，自古免征徭，

不是因祈祷，何缘答[31]圣朝？

丛林逢圣节，轮次预看经，

事讫方前去，酬恩勿自轻。

一[32]、二时斋粥，须依挂搭资次坐，不得过越高位。仍须候长板[33]鸣，方可下钵。食时不得匙箸刮钵作声，动其无福鬼神生饥渴想，罪不可量，切宜低细。

巡堂依挂搭，粥饭亦如之，
鹦雕猕猴象㉞，犹能识礼仪。
下钵依时节，安排应上肩，
寅时长板㉟后，三下午斋前。
粥饭宜低细，无令钵有声，
鬼神生热恼，自损亦非轻。

一、挂搭后，卧具衣服常须齐整，非己单席，不得擅意自移。㊱几开单，切须低细，亦不得于床上立地曳撰被服，及不得背面上床。

自己衣单下，寻常要整齐，
他人安被处，不得擅迁移。
欲上长连榻，常应面圣僧，
展单心欲细，开被手宜轻。
后夜闻开静，方容叠寝衣，
莫于床上立，礼度太乖违。

一、卧袈裟不得推搭板㊲头及圣僧龛所，只得撰以净巾衬盖，安于枕前，次安上衫等衣。

佛制离衣宿，安排向枕前，
板㊳头并案上，疑误涉瓜田。
莫卸裙衫睡，堂中免袒衣，
先贤令解带，权且为㊴初机。

一、粥前并放参后，不得开函柜，及堂中不得聚头说话，亦㊵不得坐靠板㊶头，如出三门外游处。及炉中向火，不得高声语笑，及拨火等。或遇下帐帘，须当候钟鸣，须至整齐。

放参同下帐，钟动各垂帘，

及早开函柜，当知避众嫌。

堂下勤宴坐，廊[42]下少闲游，

第一宜深戒，全身靠板[43]头。

经行犹[44]静默，况复在围炉，

拨火并闲话，知君行业粗。

一、后夜及板[45]钟未鸣，或先起，切须低声揭帘，出入不得拖曳[46]鞋靸。及洗面处，不得高声涕唾，敲磕桶杓，惊动清众。

涕唾拖鞋履，清宵必共嫌，

轻轻拈桶杓，欵欵[47]放门帘。

一、挂牌接官，须至齐[48]赴，贵令整肃，生外护心。

尊官临梵刹，迎送动禅林，

去就应齐整，令生外护心。

一、凡普请处，着五条衣，阖寮齐赴，除寮主外。及至普请处，不得聚头说话。

普请除寮主，应当挂五条，

作时须静默，不得闹嘈嘈。

一、诸寮舍命寮主者，须挂搭前后轮次主执一月日，贵上下均齐，彼此承奉，不得杂乱，免有横议[49]。

若命寮中主，须依挂搭推，

不唯消谤议，所贵在均齐。

一、尊殿上只可焚香瞻礼，不得倚靠栏楯，聚头语笑。或披作衣时，不得上殿而过，免有轻触圣像。

殿塔[50]梵[51]修地，龙神暗护持，

凭栏并语笑，损福定无疑。

梵语安他会，华[52]言作务衣，

若从尊殿过，崇奉礼还亏。

一、诸寮舍只得寮主及寮中上座一人寮内睡卧，如[53]堂司请人睡，不在此限。

伴寮唯首座，此外听[54]堂司，

大众衣盂地，闲人总不宜。

一、堂中及寮内去失衣物等，须具衣物色数、时节、处所，闻白主首验认，有无虚实。如情理重者，白堂司集众搜堂及寮，犯者公行，妄者弃众。

众中如去失，色件要分明，

物重须搜捡，情轻事可评。

一、浴时闻鼓声须得早赴，迟则有妨行者澡洗。第一通鼓、第二通鼓，众僧入浴；第三通鼓，山门主执者浴；煞鼓行者浴，无令混杂。浴室内须用浴巾盖体，各避众眼。

两会堂僧浴，三通执事来，

净人闻煞鼓，次第勿相乖。

浴久妨清众，来迟碍净人，

裙衫须盖体，语笑莫纷纷。

一、诸寮舍不得高声读诵经典并闲杂文字。自己案分，禅策文字常盖齐整。或把针、剃头、剪纸、合药，或晒[55]鞋袜[56]、触衣、浴具，皆于屋后僻处。仍逐时打叠，免有狼藉[57]众人处所。

几案宜潇洒，看寻㊳贵悄然，
慎言如不语，处众似居山。
把针并合药，剪纸剃头时，
作务喧清众，寮中总不宜。
暾㊴鞋安浴具，乃至触衣裳，
僻处并寮后，收时要审详。

一、圣众内或有盗窃、酒色及斗诤污众、喧乱不律等事，皆集众弃逐出院，不从即闻公。

盗财并斗诤，酒色污僧伦，
速遣离清众，容㊵留即败群。

一、头首等不安，轻可只于寮中将息三日，如病重者，当白维那移入延寿寮。

疾病经三日，须归延寿堂，
丛林知事者，到此勿彷徨。

一、堂内清众，如不充主首，掌握山门，但随众作务。斋粥参请外，当自省己，各守分业，积德隆道，用光丛席。不可己外干管院务，擅㊶自更张生事，走扇是非，有扰清众，无令安静。违者即准院令。

三条椽下客，自了一身休，
幸有僧知事，何须强出头。

一、堂中凡坐时，不得临床前，须敛衣服，近后稳坐，离床唇五寸，贵无参差，发瞻敬意。

莫据床唇坐，衣裳直下垂，
应留展钵地，前后勿参差。

一、送亡僧不可语笑作乐，宜怀追惨，恐他道业未明，虚生浪死，各自省究。或估唱衣物之时，本与清众结缘，共破悭贪，切不可轻唱贵卖，剥削余直。非为十方义聚，收唱衣钱。除支使外，均俵清众看经。或暂到见送及唱衣，三分得一分[62]。或施主看经钱亦准此。

送死宜追惨，防伊道未成，
遗财津送外，分俵为看经。
为破悭贪业，僧亡必唱衣，
标心图世利，不是出家儿。
见估亡僧物，三分得一分，
看经如后到，折得亦同论。

一、首座凡早晚坐堂，并早参及二时斋粥，须至先赴堂。或圣众参差不合宜事，粥前大众集，当须告白劝勉，贵得整齐。

首座为标准，朝晡合坐堂，
早参并粥饭，先到是寻常。
欲白堂中事，寅朝众集时，
一言如当理，何必在繁辞。

一、知事职局，临事须以至公，各守法度，力荷丛席。至于内外事迹，或未深通晓，须当上下通议。早晚参及动众所，如无[63]急干，并须齐赴，贵率于众。凡行者人工有过，但晚参库堂内指约戒励。或遇官客，斋粥二时，不得行遣，虑动众念。

职事宜通晓，公清务保任，

赤心弘大众，竭力荷丛林。
事有疑难处，商量勿异心，
相和如水乳，握土变黄金。
库堂惩有罪，须是晚参时，
粥饭并官客，闻之必皱眉。

一、主首分司列局，主执山门大小事务，各有自来规式条目。当修本局，务成事业，不可局外生事，贵当安静，无至乱伦。

丛林分主首，各自有可[64]存，
守己都无事，侵权即乱伦[65]。

一、五日一参，三八日晚参，奉为四恩三有念诵。每月六为准[66]。

念诵逢三八，升堂五日期，
昔贤垂懿范，后代莫相违。

一、住持人每遇月旦，须巡寮舍，安存清众。询及寮中，或有欠阙动用等，及时应副。凡二时斋粥，住持人赴堂，两通鼓声，堂前钟鸣，入堂。如声绝入堂[67]，即当首座捡举。或动众普请，及送亡僧估唱衣物等，并须躬赴，如违尽当捡举。仍无官[68]客，乃无疾病，须当赴堂，不得别置粥食。山门知事，亦皆准此。

自古巡寮法，安存众比丘，
有无应借问，应副莫迟留。
两会厨前鼓，来时莫太[69]迟，
堂前钟响处，便是入堂时。

唱衣并普请，粥饭送亡僧，

第一宜亲赴，丛林事不轻。

住持并执事，粥饭勿乖常，

无病无官客，应须总赴堂。

前件规矩，先德垂范，十言清众，宜各遵行。

     越州比丘 善祥 同集

     温州比丘 法贵 校勘

     真定比丘 法深 管勾

文林郎宁国军节度推官 吴时 校勘

朝奉大夫权知邵武军管劝农公事 周玭 再校正

朝请大夫新知郴州军州⑳主管学事兼管内劝农营田事借紫金鱼袋 虞翔 刊行

重雕补注禅苑清规卷第十终㉑

【校记】

① "教"，金本作"散"。

② "含"，金本作"舍"。

③ "即"，金本作"耶"。

④ "博"，金本作"傅"。

⑤ "尊"，底、金本作"遵"，据文意改。

⑥ "腊"，金本作"蜡"。

⑦ "于"，金本作"千"。

⑧ "二",金本作"上上"。
⑨ "抠",金本作"枢"。
⑩ "扬",金本作"杨"。
⑪ "示",金本作"未"。
⑫ "平",金本作"偏"。
⑬ "头",底本作"领",据金本改。
⑭ "于",金本作"干"。
⑮ "捡",金本作"检"。
⑯ "者",底本作"昔",据金本改。
⑰ "拄",金本作"柱"。
⑱ "焚",金本作"樊"。
⑲ "于",金本无。
⑳ "群",金本作"郡"。
㉑ "士",金本作"土"。
㉒ "摈",金本作"槟"。
㉓ "左",金本作"右"。
㉔ "腊",金本作"蜡"。
㉕ "腊",金本作"蜡"。
㉖ "尊",底本作"高",据金本改。
㉗ "动",金本作"来"。
㉘ "盍",金本作"盖"。
㉙ "候",底本缺,据金本补。
㉚ "次",底本缺,据金本补。
㉛ "答",底本作"等",据金本改。

㉜“一”，底、金本无，据行文体例补。

㉝“板”，底本作“版”，据金本改。

㉞“象”，金本作“众”。

㉟“板”，底本作“版”，据金本改。

㊱此处疑衍一字。

㊲“板”，底本作“版”，据金本改。

㊳“板”，底本作“版”，据金本改。

㊴“为”，金本作“乃”。

㊵“亦”，底本无，据金本补。

㊶“板”，底本作“版”，据金本改。

㊷“廊”，底、金本作“廓”，据文意改。

㊸“板”，底本作“版”，据金本改。

㊹“犹”，底、金本作“由”，据文意改。

㊺“板”，底本作“版”，据金本改。

㊻“曳”，金本作“搜”。

㊼“欵欵”，金本作“疑疑”。

㊽“齐”，金本作“斋”。

㊾“议”，底本作“讥”，据金本改。

㊿“塔”，金本作“搭”。

(51)“梵”，底、金本作“焚”，据文意改。

(52)“华”，底本作“轻”，据金本改。

(53)“如”，金本作“如如”。

(54)“听”，金本作“晓”。

(55)“或晒”，金本作“混杂”。

(56) "袜"，金本作"靸"。

(57) "藉"，金本作"籍"。

(58) "寻"，底本作"常"，据金本改。

(59) "瞰"，金本作"嗽"。

(60) "容"，金本作"客"。

(61) "擅"，金本作"檀"。

(62) "得一分"，金本无。

(63) "无"，底本无，据金本补。

(64) "可"，底本作"司"，据金本改。

(65) "伦"，金本作"偷"。

㊿ "准"，金本作"准此"。

㊻ "如声绝入堂"，金本作"如声绝入堂如声绝入堂"。

㊽ "官"，底本作"宦"，据金本改。

㊾ "太"，金本作"大"。

㊀ "军州"，金本无。

㊁ "终"，金本无。

新添滤水法 并颂

《菩萨戒经》十八种物中，滤水囊第九，常随其身，如鸟二翼。 颂曰：

头陀结夏游方日，滤水囊皆不可离，

恰似飞禽生两翼，东西南北自相随。

《大集经》云："畜生身细，犹如微尘十分之一大者，百万由延。"故知滤水是大慈悲，乃成佛之因也。　颂曰：

十分①去微取一分②，教中将喻水虫身，

殷勤滤水存悲济，便是将来成佛因。

《萨婆多③论》云：舍利弗以净天眼见水中空中虫如水边沙、器中粟，无处不有，遂断食。佛言："肉眼所见，滤罗所得。"义净三藏《放生仪》："滤食④水之人，来世当生净土。"

　颂曰：

器中粟米水边沙，空水微尘量不差，

滤水若能依圣制，宝莲金地乐无涯。

《鼻奈耶律》说，二比丘欲向佛所，一人不饮虫水，渴死生天，见佛得道。　颂曰：

比丘来见法中王，忘却将行滤水囊，

宁死不亏虫水戒，刹那成道证真常。

一比丘饮水，后至佛所，佛问其故已，脱忧多罗僧，示黄金身云："汝痴人，用观是四大身为幻⑤成臭处。其见法者，即见我身。"　颂曰：

饮水伤虫行业疏，可怜同伴不同涂，

虽然得到祇园会，只见黄金丈六躯。

宣律师云：滤水袋物虽轻小，所为极大，出家慈济，厥意在此。今上品高行尚饮用虫水，况诸不肖，为可言哉？颂曰：

滤罗虽小事非轻，的的真慈护有情，

大觉世尊明有敕，上流何故不遵行？

义净三藏《寄归传》云：西方用上白毡。冬夏宜将密⑥

绢，或以米揉，或可微煮。又六月七月其虫更细，不同余时，生绢十重，虫亦直过，乐护生者，理应念取致练作袋，滤之方尽。　颂曰：

细毡作囊长一肘，西天滤水旧家风，

此方致练方如法，薄绢生疏尽不中。

《寄归传》云：可取熟绢筋[7]尺四尺，挽褶[8]两头，刺使相著，两角施带，两[9]畔横杖，张开尺六，两边系柱下以盆承[10]，倾时罐[11]底须入罗内，水既足已，即可翻罗，两人各捉一头，令入放生器内。上以水洗[12]三遍，外边更以水淋，度无虫方罢。　颂曰：

两边罗样要宽容，挽褶缝来系柱中，

汲器并须连底泻，翻时洗荡要全功。

《四分律》云：作滤水囊如杓形，若三角，若作宏梜，若作漉瓶。《寄归传》云：河池之处，或可安棬[13]，用阴阳瓶，权时济事。或作瓦盆子罗，亦是省要。西方寺家，多用[14]铜作。　颂曰：

罗样安棬或作瓶，任从三角杓头形，

铜盆瓦缶并宏梜，得用随缘到处精。

《寄归传》云：倾水之时，罐底须入罗内，如其不尔，随水落坠地堕[15]盆，还不免杀。　颂曰：

滤水僧童欸欸倾，细虫迷闷可伤情，

若教罗外遗涓滴，不免依前是杀生。

《萨婆多论》云：今持戒审悉者，漉水竟，著净器中，向日群视，故有者如前更滤。　颂曰：

滤已应须子细观,有虫重滤更重看,
直须尽净方随意,使用⑯如今信者难。
《寄归传》云:亦既天明先观瓶水,可于白净铜盏,或螺盃漆器中,顾取掬许,安竖瓨上,或可别作观水之水,以手掩口,良久视之,或于盆中看之亦得,虫若毛端,必须存念。若见虫者,倒泻瓶中,更于余水再三涤器,无虫方罢。 颂曰:
铜盏螺盃漆器通,日中观水验微虫,
应须洗涤存方便,始尽毗尼救物功。

义净三藏述护命放生仪,说放生⑰器甚详。器以铜铁瓦木为之,底下安细,以双绳放之,放下至水,拔绳令覆,再三下濯方牵出。并乞食时以小铜瓶子穿在左臂,以衣盖之。宣⑱律师云:"损生妨道者,由不畜漉水袋,纵畜而不用,虽用而不漉虫,虽泻而损虫命。"《寄归》云⑲:"在瓶口之上翻罗,未晓放生之器,设令到水,虫死何疑!" 颂曰:
放生器下安双细,到水牵绳势自翻,
渴死罗中真可罪,翻罗井上亦无端。

《僧祇律》云:"滤已虫水著器中,还送来处泻中。若来处远者,近有池七日不消者,以虫著中。"义净三藏云:"若井深处,或可别为盆贮,或可送往河池。泻水竟时,还须⑳涤器。"奥法师《菩萨戒钞》:"既滤得已,别置一放生盆,而令安详置之于水,以护生命。" 颂曰:
井远泉深若厌烦,护生宜用放生盆,
安详泻向常流水,俟入池中粗可论。

《萨婆多论》云:"如法滤水,置一器中,足一日用。"

《寄归传》云："凡是经宿之水,且㉑不看者,有虫无虫,皆招罪。"　颂曰:

滤水要期终日用,来朝重滤恐重生,
因思九夏多蝼蚁,举足常应观地行。

《寄归传》云："时有作小圆罗,才受一升两合,生疏薄绢,元不观虫,悬著钵边,令他知见。无心护命,日日招愆。师弟相承,用为传法,诚哉可叹。"　颂曰:

去圣时遥律行衰,小罗疏绢事堪悲,
钵边挂去从人见,堂上悬来备礼仪。

奥法师《菩萨戒经钞》云:"今见寺中常以粗布为之,乖角㉒极甚。"　颂曰:

粗布缝罗釜上安,细虫微命刹那间,
镬汤不是天然热,因果门中事好还。

义净三藏云:"神州之地,四百余城,出家之人,动有万计,于滤水事,存心者寡。"　颂曰:

神州四百有余城,多少名圆㉓德行僧,
赴火堕崖人易得,滤虫观水却难能。

义净三藏云:"设使学通三藏,坐证四禅,镇想无生,证心空理,若不护命,依教奉持,终亦未免佛所呵责。十恶初罪,谁代受之。"　颂曰:

妙入三空谈般若,功圆八定证禅那,
不于滤水存悲愿,未免如来一例呵。

《寄归传》云:"若知寺家㉔不滤水,不合餐食㉕。渴死长途,足为龟镜㉖。"《僧祇律》云:"若施主请比丘食,应问滤水未。若未滤者，自看㉗滤之。"　　颂曰：

　　寺家不滤厨中水，僧饭由来不合餐，
　　俗舍有斋应借问，滤时还复自家看。

　　《菩萨戒经》十重戒中，杀戒最居第一，言菩萨以慈为本，众生以命为贵也。又《四分律》云九十波逸提，用虫水戒第九十，饮虫水戒第六十二也。《五分律》云："随用虫一一堕㉘。"宣律师云："性戒无忏，终须酬报。"义净三藏云："斯之罪咎，欲如之何！直知束手泉门，任佗㉙处分。"经云杀生之人当堕地狱、饿鬼、畜生。设得为人，短命仍多病故也。

　　颂曰：

　　杀戒偏居十重前，一虫一堕理昭然，
　　粗心饮用无惭愧，束手泉门被业㉚牵。

　　义净三藏云："且如有屠，牵羊入寺，不过数口，放作长生。众共聚看，弹指称善。宁知房内用水，日杀㉛千生？"颂曰：

　　尽叹屠儿有道情，施羊僧寺作长生，
　　不知房内日用水，杀业无过罪不轻。

　　元丰中，卫州坛山六度寺济律师增戒会，不曾滤水。太闲和尚云："虽是增戒，却是增罪。"慈悲之言，谁不警悟也。

　　颂曰：

　　记得坛山增戒会，济师全阙滤虫缘㉜，
　　太闲和尚深呵责，聚集僧徒长罪愆。

　　义净三藏云："怀生者皆爱其生，上通贤智；有死者咸畏其死，下洎昆虫。佛以大悲，宣扬㉝法化，于护生处，极致殷勤。是佛弟子，理应随作。" 颂曰：

任是昆虫须恶死，假如贤圣亦全生，
若推此意观虫水，何虑慈悲行不成？

古云：吾观一滴水，八万四千生；凡夫目不见，天眼自分明。 颂曰：

蠢动皆含佛性灵，再三捞漉是修行，
君看一掬寻常水㉞，何啻千生与万生。

《传灯录》第五：智岩禅师未出家时曾为郎将，虽在军阵之中，弓上常悬滤水囊也。 颂曰：

昔时郎将在沙场，弓上犹悬滤水囊，
为报金田诸上士，出家悲济是寻常。

奥法师云："印度法则，僧徒出入乃至乞食，漉袋常须随身。此物此方停来久矣，苦哉苦哉。故律云：宁可忍渴死，终死不饮虫水。何以故？一饮水时，损无量命。一日饮虫水，罪过屠一生。特须诫之也。" 又《贤愚经》载尸毗国王割肉救鹰，《金光明经》说萨埵太子投身饲虎。 颂曰：

伤嗟滤水停来久，珍重吾曹勉力行，
饲虎馁鹰犹不顾，一罗何惜为众生。

《涅槃经》喻乘浮囊渡海，如持戒欲出生死。义净三藏云："若能依教作者，现在得长命果报。"是知沙弥救蚁，不过数万，尚感长命，况于滤水，能护无数众生也。杀生既堕三恶道，护生应得人天善趣明矣。 颂曰：

欲趣菩提之道场，滤囊今日是浮囊，
人间天上庄严福，此世他生寿命长。

宣律师云："水中细虫无数，同水尘量，故《涅槃经》云尘耶虫耶。"此言信矣。取致绣作袋，滤也万尽。义净三藏云："依教作者，来世当生净土。"又云："释迦末法，共结慈念之因；弥勒初成，俱证无生之果。" 颂曰：

扰扰尘虫竟莫分，好修因果济沉沦，

龙华会上无生记，净土光中不死人。

凡滤水者，应愿诸虫往生净土，当来作佛，非但一朝免死。 颂曰：

菩萨兴悲寄远怀，滤生当愿托莲台，

他年净土微尘佛，尽是罗中漉出来。

《古清凉传》下卷有清信士不详其氏讳，年可二十，衣服褴褛，自云从抱腹山来。识者相传云[35]：每在并州巡市乞丐，以所乞得造滤水囊，可七八寸，造讫随处劝人令用。凡造数千余。信士神容简畅，语论入微，皆谓不测之人也。 颂曰：

清凉信士行悲悯，乞绢缝罗满数千，

随乞随缝随布施，劝人同结滤生缘[36]。

世云滤罗难安多众。宗赜[37]崇宁元年于洪济院厨前井边安大水槛，上近槛唇别安小槛，穿角傍出，下安滤罗，倾水之时，全无迸溢，亦无[38]大众沾[39]足。浴院后架仿此。僧行东司，亦皆滤水，出家之本道也。后住长芦，诸井滤水二十余处。常住若不滤水，罪归主执之人。普冀勉而行之。

新添滤水法并颂终

【校记】

① "分"，金本作"方"。

② "取一分"，底本作"虫取一"，据金本改。

③ "萨婆多"，底本作"菩萨多"，据金本改。

④ "食"，金本无。

⑤ "幻"，金本作"纯"。

⑥ "密"，金本作"蜜"。

⑦ "笏"，金本作"三"。

⑧ "褶"，金本作"摄"。

⑨ "两"，金本无。

⑩ "承"，金本作"盛"。

⑪ "罐"，底本误作"眆"。

⑫ "洗"，金本作"浇"。

⑬ "棬"，金本作"卷"。

⑭ "用"，底本误作"月"，据金本改。

⑮ "堕"，金本误作"随"。

⑯ "使用"，金本作"此事"。

⑰ "生"，金本误作"宅"。

⑱ "宣"，金本误作"宜"。

⑲ "云"，金本误作"玄"。

⑳ "须"，底本作"泸"，据金本改。

㉑ "旦"，底本误作"且"，据金本改。

㉒ "角"，金本误作"用"。

㉓ "圆"，金本作"员"。

㉔ "家"，底本无，据金本补。

㉕ "餐食"，金本作"食餐"。

㉖ "镜"，金本作"鉴"。

㉗ "看"，底本作"著"，据金本改。

㉘ "随用虫一一堕"，底本作"堕用虫一一随"，据金本改。

㉙ "佗"，金本作"它"。

㉚ "业"，金本误作"叶"。

㉛ "杀"，金本无。

㉜ "缘"，金本误作"绿"。

㉝ "扬"，金本误作"杨"。

㉞㉟ 自"君看一滴寻常水"至"识者相传云"，金本缺。

㊱ "缘"，金本误作"绿"。

㊲ "赜"，金本误作"颐"。

㊳ "无"，底、金本作"五"，当为"无"之误。

㊴ "沾"，金本作"沽"。

附编一

关于百丈生平的资料

(1) 唐新吴百丈怀海传

释怀海,闽人也。少离朽宅,长游顿门。禀自天然,不由激劝。闻大寂始化南康,操心依附。虚往实归,果成宗匠。

后檀信请居新吴界,有山峻极,可千尺许,号百丈欤。海既居之,禅客无远不至,堂室隘矣。且曰:"吾行大法,岂宜以诸部阿笈摩教为随行耶?"或曰:"《瑜伽论》、《璎珞经》是大乘戒律,胡不依随乎?"海曰:"吾于大小乘中博约折中,设规务归于善焉。"乃创意,不循律制,别立禅居。初自达磨传法,至六祖已来,得道眼者号长老,同西域道高腊长者呼须菩提也。然多居律寺中,唯别院异耳。又令不论高下,尽入僧堂,堂中设长连床,施椸架,挂搭道具。卧必斜枕床唇,谓之带刀睡。为其坐禅既久,略偃亚而已。朝参夕聚,饮食随宜,示节俭也。行普请法,示上下均力也。长老居方丈,同维摩之一室也。不立佛殿,唯树法堂,表法超言象也。其诸制度,与毗尼师一倍相翻,天下禅宗,如风偃草。禅门独行,由海之始也。

以元和九年甲午岁正月十七日归寂,享年九十五矣。穆宗长庆元年,敕谥大智禅师,塔曰大胜宝轮焉。

系曰:自汉传法,居处不分禅律,是以通禅达法者,皆居一寺中,院有别耳。至乎百丈立制,出意用方便,亦头陀之流也。矫妄从端,乃简易之业也。所言自我作古,古,故也,故事也,如立事克成,则云自此始也;不成,则云无自立辟。今海公作古,天下随之者,益多而损少之故也。益海公为大智,不其然乎?语曰:"利不百,不变格。"奖知变斯格,厥利多矣。《弥沙塞律》有诸,虽非佛制,诸方为清净者,不得不行也。(出自《宋高僧传》卷十)

(2)《五灯会元》中之百丈怀海禅师传

洪州百丈山怀海禅师者,福州长乐人也。姓王氏。丱岁离尘,三学该练。属大寂阐化江西,乃倾心依附,与西堂智藏、南泉普愿同号入室。时三大士为角立焉。

师侍马祖,行次,见一群野鸭飞过。祖曰:"是甚么?"师曰:"野鸭子。"祖曰:"甚处去也。"师曰:"飞过去也。"祖遂把师鼻扭,负痛失声。祖曰:"又道飞过去也。"师于言下有省。却归侍者寮,哀哀大哭。同事问曰:"汝忆父母邪?"师曰:"无。"曰:"被人骂邪?"师曰:"无。"曰:"哭作甚么?"师曰:"我鼻孔被大师扭得痛不彻。"同事曰:"有甚因缘不契?"师曰:"汝问取和尚去。"同事问大师曰:"海侍者有何因缘不契,在寮中哭。告和尚为某甲说。"大师曰:"是伊会也。汝自问取他。"同事归寮曰:"和尚道汝会也,教我自问汝。"师乃呵呵大笑。同事曰:"适来哭,如今为甚却笑?"师曰:"适来哭,如今笑。"同事罔然。

次日马祖升堂，众才集，师出卷却席。祖便下席，师随至方丈。祖曰："我适来未曾说话，汝为甚便卷却席?"师曰："昨日被和尚扭得鼻头痛。"祖曰："汝昨日向甚处留心?"师曰："鼻头今日又不痛也。"祖曰："汝深明昨日事。"师作礼而退。

师再参，侍立次，祖目视绳床角拂子。师曰："即此用，离此用?"祖曰："汝向后开两片皮，将何为人?"师取拂子竖起。祖曰："即此用，离此用?"师挂拂子于旧处。祖振威一喝，师直得三日耳聋，自此雷音将震。

檀信请于洪州新吴界住大雄山，以居处岩峦峻极，故号百丈。既处之，未期月，参玄之宾，四方麇至，沩山、黄檗当其首。一日，师谓众曰："佛法不是小事。老僧昔被马大师一喝，至今三日耳聋。"黄檗闻举，不觉吐舌。师曰："子已后莫承嗣马祖去么?"檗曰："不然。今日因和尚举，得见马祖大机之用，然且不识马祖。若识马祖，已后丧我儿孙。"师曰："如是如是。见与师齐，减师半德。见过于师，方堪传授。子甚有超师之见。"檗便礼拜。沩问仰山："百丈再参马祖因缘，此二尊宿意旨如何?"仰云："此是显大机大用。"沩云："马祖出八十四人善知识，几人得大机，几人得大用?"仰云："百丈得大机，黄檗得大用，余者尽是唱导之师。"沩云："如是如是。"

有僧哭入法堂来，师曰："作么?"曰："父母俱丧，请师选日。"师曰："明日来，一时埋却。"沩山、五峰、云岩侍立次，师问沩山："并却咽喉唇吻，作么生道?"山曰："却请和尚道。"师曰："不辞向汝道，恐已后丧我儿孙。"又问五峰，峰曰："和尚也须并却。"师曰："无人处斫额望汝。"又问云岩，岩曰："和尚有也未？"师曰："丧我儿孙。"

师谓众曰："我要一人，传语西堂，阿谁去得？"五峰曰："某甲去。"师曰："汝作么生传语？"峰曰："待见西堂，即道。"师曰："见后道甚么？"峰曰："却来说似和尚。"

师每上堂，有一老人随众听法。一日众退，唯老人不去。师问："汝是何人？"老人曰："某非人也。于过去迦叶佛时，曾住此山，因学人问大修行人还落因果也无，某对云不落因果，遂五百年生堕野狐身。今请和尚代一转语，贵脱野狐身。"师曰："汝问。"老人曰："大修行人还落因果也无？"师曰："不昧因果。"老人于言下大悟，作礼曰："某已脱野狐身，住在山后，敢乞依亡僧津送。"师令维那白椎告众："食后送亡僧。"大众聚议："一众皆安，涅槃堂又无病人，何故如是？"食后，师领众至山后岩下，以杖挑出一死野狐，乃依法火葬。师至晚上堂，举前因缘。黄檗便对："古人错祇对一转语，堕五百生野狐身。转语不错，合作个甚么？"师曰："近前来，向汝道。"檗近前，打师一掌。师拍手笑曰："将谓胡须赤，更有赤须胡。"沩山举问仰山，仰曰："黄檗常用此机。"沩曰："汝道天生得，从人得？"仰曰："亦是禀受师承，亦是自性宗通。"沩曰："如是如是。"

时沩山在会下作典座，司马头陀举野狐话问典座："作么生？"座撼门扇三下。司马曰："太粗生。"座曰："佛法不是这个道理。"问："如何是奇特事？"师曰："独坐大雄峰。"僧礼拜，师便打。

上堂："灵光独耀，迥脱根尘。体露真常，不拘文字。心性无染，本自圆成。但离妄缘，即如如佛。"问："如何是佛？"师曰："汝是阿谁？"曰："某甲。"师曰："汝识某甲否？"曰："分明个。"师乃举起拂子曰："汝还见么？"曰："见。"师乃不语。

普请锹地次，忽有一僧闻鼓鸣，举起锹头，大笑便归。师曰："俊哉！此是观音入理之门。"师归院，乃唤其僧问："适来见甚么道理，便恁么？"曰："适来肚饥，闻鼓声，归吃饭。"师乃笑。

问："依经解义，三世佛冤。离经一字，如同魔说时如何？"师曰："固守动静，三世佛冤。此外别求，即同魔说。"

因僧问西堂："有问有答即且置，无问无答时如何？"堂曰："怕烂却那。"师闻举，乃曰："从来疑这个老兄。"曰："请和尚道。"师曰："一合相不可得。"师谓众曰："有一人长不吃饭不道饥，有一人终日吃饭不道饱。"众无对。

云岩问："和尚每日区区为阿谁？"师曰："有一人要。"岩曰："因甚么不收伊自作。"岩曰："他无家活。"

问："如何是大乘顿悟法要？"师曰："汝等先歇诸缘，休息万事。善与不善，世出世间，一切诸法莫记忆，莫缘念，放舍身心，令其自在。心如木石，无所辨别。心无所行，心地若空，慧日自现，如云开日出相似。但歇一切攀缘，贪嗔爱取，垢净情尽。对五欲八风不动，不被见闻觉知所缚，不被诸境所惑，自然具足神通妙用，是解脱人。对一切境，心无静乱，不摄不散，透过一切声色，无有滞碍，名为道人。善晋是非俱不运用，亦不爱一法，亦不舍一法，名为大乘人。不被一切善晋、空有、垢净、有为无为、世出世间、福德智慧之所拘系，名为佛慧。是非好丑，是理非理，诸知见情尽，不能系缚，处处自在，名为初发心菩萨，便登佛地。"

问："对一切境，如何得心如木石去？"师曰："一切诸法，本不自言空，不自言色，亦不言是非垢净，亦无心系缚人。但人自虚妄计著，作若干种解会，起若干种知见，生若干种爱畏。但了诸法不自生，皆从自己一念，妄想颠倒，取相而有。知心与境，本不相到，当处解脱，一一诸法，当处寂灭，当处道场。又本有之性不可名目，本来不是凡不是圣，不是垢净，亦非空有，亦非善恶，与诸染法相应，名人天二乘界。若垢净心尽，不住系缚，不住解脱，无一切有为无为缚脱心量，处于生死，其心自在，毕竟不与诸妄虚幻、尘劳蕴界、生死诸入和合，迥然无寄，一切不拘，去留无碍，往来生死，如门开相似。夫学道人若遇种种苦乐称意不称意事，心无退屈，不念名闻利养衣食，不贪功德利益，不为世间诸法之所滞碍，无亲无爱，苦乐平怀，粗衣遮寒，粝食活命，兀兀如愚如聋，稍有相应分。若于心中广学知解，求福求智，皆是生死，于理无益，却被知解境风之所漂溺，还归生死海里。佛是无求人，求之即乖；理是无求理，求之即失。若著无求，复同于有求；若著无为，复同于有为。故经云：不取于法，不取非法，不取非非法。又云：如来所得法，此法无实无虚。若能一生心如木石相似，不被阴界五欲八风之所漂溺，即生死因断，去住自由。

不为一切有为因界所缚，不被有漏所拘，他时还以无因缚为因，同事利益。以无著心应一切物，以无碍慧解一切缚。亦云应病与药。"

问："如今受戒，身口清净，已具诸善，得解脱否？"师曰："少分解脱，未得心解脱，亦未得一切处解脱。"曰："如何是心解脱及一切处解脱？"师曰："不求佛法僧，乃至不求福智知解等。垢净情尽，求不守此无为是，亦不住尺处，亦不欣天堂，畏地狱，缚脱无碍，即身心及一切处皆名解脱。汝莫言有少分戒，身心意净，便以为了。不知河沙戒定慧门、无漏解脱，都未涉一毫在。努力向前，须猛究取，莫待耳聋眼暗，面皱发白，老苦及身，悲爱缠绵，眼中流泪，心里惶惶，一无所据，不知去处。到恁么时节，整理手脚不得也。纵有福智、名闻、利养，都不相救。为心眼未开，唯念诸境，不知返照，复不见佛道。一生所有善恶业缘，悉现于前，或忻或怖，六道五蕴，俱时现前。尽敷严好宅舍，舟船车辇，光明显赫，皆从自心贪爱所现。一切晋境，皆变成殊胜之境。但随贪爱重处，业识所引，随著受生，都无自由分。龙畜良贱，亦总未定。"

问："如何得自由分？"师曰："如今得即得。或对五欲八风，情无取舍，悭嫉贪爱，我所情尽，垢净俱亡。如日月在空，不缘而照。心心如木石，念念如救头然（燃）。亦如香象渡河，截流而过，更无疑滞。此人天堂地狱所不能摄也。夫读经看教，语言皆须宛转，归就自己。但是一切言教，只明如今鉴觉自性，但不被一切有无诸境转，是汝导师。能照破一切有无诸境，是金刚慧。即有自由独立分。若不能恁么会得，纵然诵得十二韦陀典，只成增上慢，却是谤佛，不是修行。但离一切声色，亦不住于离，亦不住于知解，是修行读经看教。若准世间是好事，若向明理人边数，此是雍塞人。十地之人脱不去，流入生死河。但是三乘教，皆治贪嗔等病，只如今念念若有贪嗔等病，先须治之，不用求觅义句知解。知解属贪，贪变成病。只如今但离一切有无诸法，亦离于离，透过三句外，自然与佛无差。既自是佛，何虑佛不解语？只恐不是佛，被有无诸法缚，不得自由。以理未立，先有福智，被福智载去，如贱使贵。不如先立理，后有福智。若要福智临时作得。摄土为金，变海水为酥酪，破须弥为微尘，摄四大海水入一毛孔。于一义作无量义，于无量义作一义。伏惟珍重。"

师有时说法竟，大众下堂，乃召之。大众回首，师曰："是甚么？"药山目之为百丈下堂句。

师儿时随母入寺拜佛，指佛像问母："此是何物？"母曰："是佛。"师曰："形容似人无异，我后亦当作焉。"师凡作务执劳，必先于众。主者不忍，密收作具而请息之。师曰："吾无德，争合劳于人？"既遍求作具不获，而亦忘餐。故有"一日不作，一日不食"之语，流播寰宇矣。唐元和九年正月十七日归寂，谥大智禅师，塔曰大宝胜轮。（出《五灯会元》卷三。文中括号内为正字。）

（3）陈诩撰《唐洪州百丈山故怀海禅师塔铭并序》

星缠斗次，山形鹫立，桑门上首，曰怀海禅海禅师，室于斯，塔于斯，付大法于斯。其门弟子，惧陵谷迁贸，日时失纪，托于儒者，铭以表之。

西方教行于中国，以彼之六度，视我之五常，遏恶迁善，殊途同辙。唯禅那一宗，度越生死，大智慧者方得之。

自鸡足达于曹溪，纪牒详矣。曹溪传衡岳观音台怀让和尚，观音传江西道一和尚，诏谥为大寂禅师。大智传大师，中土相承，凡九代矣。

大师太原王氏，福州长乐县人。远祖以永嘉丧乱，徙于闽隅。大师以大事因缘生于像季，托孕而薰膻自去，将诞而神异聿来，成童而灵圣表识，非夫宿植德本，曷以臻此！落发于西山慧照和尚，进具于衡山法朝律师。既而叹曰：将涤妄源，必游法海。岂惟心证，亦假言诠。遂诣庐江，阅浮槎经藏，不窥庭宇者积年。既师大寂，尽得心印。言简理精，貌和神峻。睹即生敬，居常自卑。善不近名，故先师碑文独晦其称号；行同于众，故门人力役必等其艰劳。怨亲两忘，故弃遗旧里；贤愚一贯，故普授来学。常以三身无住，万行皆苦，邪正并捐，源流齐泯。用此教旨，作人表式。前佛所说，斯为顿门。大寂之徒，多诸龙象。或名闻万乘，入依京辇；或化洽一方，各安邦国。唯大师好尚幽隐，栖止云松。遗名而德称益高，独往而学徒弥盛。其有遍探讲肆，历抵禅关，滞著未祛，空有犹阂，靡不缄藏万里，取决一言，疑网云张，智刃冰断。由是齐鲁燕代、荆吴蜀闽，望影星奔，聆声飚至。当其饥渴，快得安隐。超然悬解，时有其人。

大师初居石门，依大寂之塔，次补师位，重宣上法。后以众所归集，意在遐深。百丈山碣立一隅，人烟四绝。将欲卜筑，必俟檀那。伊蒲塞游畅甘贞，请施家山，愿为乡导。庵庐环绕，供施芳积，众又逾于石门。然以地灵境远，颇有终焉之志。元和九年正月十七日，证灭于禅床，报龄六十六，僧腊四十七。以其年四月廿二日，奉全身窆于西峰。据《婆沙论》文，用净行婆罗门葬法，遵遗旨也。

先时白光去室，金锡鸣空，灵溪方春而涸流，杉燎竟夕以通照。妙德潜感，于何不有？门人法正等尝（常）所禀旨，皆得调柔，递相发挥，不坠付嘱，他年绍续，自当流布。门人谈叙，永怀师恩，光崇塔宇，封土累石，力竭心瘁。门人神行、梵云，结集微言，纂成《语本》。凡今学者，不践门阃，奉以为师法焉。初闽越灵蔼律师，一川教宗，三学归仰，尝以佛性有无响风发问。大师寓书以释之，今与《语本》并流于后学。

诩从事于江西府，备尝大师之法味，故不让众多之托。其文曰：

梵雄设教有权有实，未得顿门皆为暗室。
祖师庋止方传秘密，如彼重昏忽悬白日。（其一）
唯此大士弘绍正宗，虽修妙行不住真空。
无假方便岂俟磨砻，恬然返本万境圆通。（其二）
百千人众尽祛热病，彼皆有得我实无说。
心本不生形同示灭，此土灰烬他方水月。（其三）
法传人代塔开山原，杉松日暗寺塔犹存。
蔼蔼学徒无非及门，唯参觉照是报师恩。（其四）
元和十三年十月三日建

碑侧大众同记五事，至今犹存，可为鉴戒，并录于左。

大师迁化后，未请院主日，众议厘革山门久远事宜都五件：

— 塔院常请一大僧及一沙弥洒扫；

— 地界内不得置尼台尼坟塔，及容俗人家居止；

— 应有依止及童行出家，悉令依院主一人，僧众并不得各受；

— 台外及诸处不得置庄园田土；

— 住山徒众，不得内外私置钱谷。

欲清其流，其澄在本。后来绍续，永愿遵崇。

立碑日大众同记。

（出《敕修百丈清规》卷八。文中括号内为正字。）

（4）黄溍撰《百丈山大智寿圣禅寺天下师表阁记》

菩提达磨大师后八叶，有大比丘居洪之百丈山，人称之曰百丈禅师。今天子始命因其旧谥"大智觉照"者，加以"弘宗妙行"之号；寺以"寿圣"名，则故额也。山去郡治三百里，其未置寺时，林壑深阻，岩径峭绝，樵苏之迹所不通。有司马头陀者，善为宫宅地形之术，睹其山势斗拔，与夫冈峦首尾之起伏，知为吉壤。所留钤记，有曰"法王居之，天下师表"。禅师之来，式符其言。东阳德辉，以禅师十八代孙嗣住是山，既新作演法之堂，且增创重屋其上，以妥禅师遗像。榜其楣间，曰天下师表之阁云。

初文宗皇帝入践天位，即金陵潜邸造寺，曰龙翔集庆，诏开山大欣领其徒，而以禅师所制清规为日用威仪动作之节。顾其书行世已久，后人率以臆见，互有损益，自为矛盾，靡所折衷。辉与欣学同师，而柄法于祖庭。大惧夫来者传疑，莫知适从，无以壹诸方之观听，爰走京师，欲有请而厘正之。今御史大夫撒迪，时执法中台，为言于上，得召见，有旨令辉撰次旧闻以授欣，使择习于师说者共考定，而颁（颁）行为丛林法，仍加锡禅师以今号，褒显而风历焉。

辉奉玺书将南还，以阁之成，未及有所记述。谂于潜曰："愿叙其构兴之端原，归而刻诸。"潜窃观遂古圣贤，乘时继作，驰张迭用，循环不穷，所以通其变也。佛之为教，必先戒律，诸部之义，大小毕陈，种种开遮，唯以一事。去圣逾远，局为专门，名数滋多，道日斯隐。是故达磨不阶方便，直示心源；律相宛然，无能留碍。世降俗末，诞胜真离，驰骋外缘，成邪慢想，是故百丈弘敷轨范，辅律而行，调护摄持，在事皆理。盖佛之道以达磨而明，佛之事以百丈而备，通变之妙，存乎其人。厥后达磨之传派别为五，而出于禅师者二。它师所倡，殊宗异旨，虽各名其家，至于安处徒众，未有不取法于禅师者。然则天下师表之言，良可徵不诬也。

粤自中土君臣知尊佛法，光昭崇极，莫越于今。辉遭值圣时，蒙被帝力，用克发扬先训，绍隆宗风，俾与国家相为悠久，永永无已，不特今之天下以为师表，尽未来际，咸有依承。潜是用谨志之，而于其经度之勤，营缔之美，有不遐论也。阁为屋以间计者五，其崇百有二十尺，三其崇之一以为其修，三其修以为其广，以至顺元年夏六月庀工，冬十月讫事，实辉住山之明年，而辉入对以元统三年夏五月命下，命下则其明处春二月也。

承直郎国子博士黄潜记

翰林侍制奉议大夫兼国史院编修宫（官）揭傒斯书

翰林侍讲学士通奉大夫知制诰同修国史知经筵事张起岩篆

前荣禄大夫御史中丞赵世安、光禄大夫江南诸道行御史大夫易释董阿同立石。（出《敕修百丈清规》卷八。文中括号内为正字。）

长芦宗赜禅师生平资料

（1）长芦赜禅师传

宗赜，襄阳孙氏子。父早亡，母携还舅氏家鞠养。长成习儒业，志节高迈，学问宏博。年二十九，幡然曰："吾出家矣！"遂往真州长芦，从秀圆通落髮，学最上乘。未几，秀去而夫继。师得旨于夫，遂为夫嗣，而绍长芦之席。一法窟父子接踵弘阐者三世，云门之道大震，江淮之间，几无别响。师上堂曰："金屑虽贵，落眼成翳。金屑既除，眼在甚处？"拈拄杖曰："还见麽？"击香卓（桌）曰："还闻麽？"靠却拄杖曰："眼耳若通随处足，水声山色自悠悠。"启示明切若此。

师性孝，于方丈侧别为小室，安其母于中。劝母薅发，持念阿弥陀佛号。自制《劝孝文》，曲尽哀恳。师虽承传南宗顿旨，而实以净土自归。至感普贤、普慧二大士，梦求入社，其精诚可知矣。其母临终，果念佛吉祥而逝。始卒数十年间，以安养一门摄化。缁白从化，临终正念如其母者，盖不知几何人。

师持勤匡道一念,得自天性。以言难及远,往往托笔墨以致心焉。其劝供养则曰:"若有无限之心,则受无穷之福。"其劝坐禅则曰:"一切善恶,都莫思量。念起即觉,觉之即失,久久忘缘,自成一片。"又曰:"道高魔盛,逆顺万端,但能正念现前,一切不能留碍。"其警游谈则曰:"既乖福业,无益道心。如此游言,并伤实德。"其警拨无则曰:"粗解法师,不通教眼;虚头禅客,不贵行门,此偏枯之罪也。"又曰:"宗说兼通,若杲日丽虚空之界;心身俱静,如琉璃含宝月之光。可谓蓬生麻中,不扶自直;众流入海,总号天池。"其言意至味一脔可以知全鼎矣。未详所终。(出自明河《补续高僧传》卷十八。文中括号内为正字。)

(2)《五灯会元》之长芦宗赜禅师传

真州长芦宗赜慈觉禅师,洛州孙氏子。僧问:"达磨面壁,此理如何?"师良久,僧礼拜。师曰:"今日被这僧一问,直得口痖。"上堂:"冬去寒食,一百单五。活人路上,死人无数。头钻荆棘林,将谓众生苦。拜扫事如何,骨堆上添土。唯有出家人,不踏无生路。大众且道,向甚么处去?还会么?南天台,北五台。参!"上堂:"新罗别无妙诀,当言不必截舌。但能心口相应,一生受用不彻。且道如何是心口相应底句?"良久曰:"焦砖打著连底冻。参!"问:"六门未息时如何?"师曰:"鼻孔里烧香。"曰:"学人不会。"师曰:"耳朵里打鼓。"问:"如何是无功之功?"师曰:"泥牛不运步,天下没荒田。"曰:"恁么则功不浪施也。"师曰:"虽然广大神通,未免遭他痛棒。"上堂:"金屑虽贵,落眼成翳。金屑既除,眼在甚么处?若如此者,未出荆棘林中。棒头取证,喝下承当,正在金蜂窠里。"上堂:"楼外紫金山色秀,门前甘露水声寒。古槐阴下清风里,试为诸人再指看。"拈拄杖曰:"还见么?"击香卓曰:"还闻么?"靠却拄杖曰:"眼耳若通随处足,水声山色自悠悠。"(出自《五灯会元》卷十六)

(3)《庐山莲宗宝鉴》之长芦慈觉禅师传

师讳宗赜,号慈觉,襄阳人也。父早亡,母陈氏鞠养于舅氏。少习儒业,志节高迈,学问宏博。二十九岁,礼真州长芦秀禅师出家,参通玄理,明悟如来正法眼藏。

元祐中住长芦寺,迎母于方丈东室,劝母剪发。甘旨之外,勉进持念阿弥陀佛,日以勤志,始终七载。母临终际,果念佛无疾吉祥而逝。师自谓报亲之心尽矣,乃制《劝孝文》,列一百二十位。撰《苇江集》、《坐禅箴》,仍遵庐山之规,建莲花胜会,普劝僧俗,同修念佛。导以观想,其次立法:预会日念阿弥陀佛,自百声至千声,千声至万声,回向发愿,期生净土。各于日下,以十字计之,以办功课。师一夕梦一人乌巾白衣,风貌清美,可三十许。揖谓师曰:"欲入莲花会,告书一名。"师乃取会录,问曰:"何姓名?"答曰:"普慧。"书已,白衣又云:"家兄亦告上一名。"师曰:"令兄何名?"答曰:"普贤。"言讫遂隐。师觉已谓诸耆宿曰:"《华严经·离世间品》有普贤、普慧二菩萨,助扬佛法。吾令(今)建会,共期西方,感二大士幽赞。"乃以二大士为会首云。于是远近皆向化焉。(出自优昙《庐山莲宗宝鉴》,《大正藏》47卷。

文中括号内为正字。)

宗赜现存其他著作录文

（1）观无量寿佛经序

夫正遍知海，从心想生；诸佛世界，随心净土。然则弥陀至圣，不隔下凡；极乐虽遥，岂离方寸？所以念佛而即得见佛，求生而遂能往生。《观无量寿经》者，以法界心照实相境，三种净业明法行之正因，十六妙观为寂照之方（方字原本无，据文意补）便。法身与化身随量，依报与正报齐观。是以韦提希豁然大悟，授记往生；佛世尊亲敕受持，广说斯事。经传此土，人罕流通，不有圆机，谁陈法施？常山比丘琼安等，悯世间之日用，不出尘劳；嗟妙境之无边，愿为乡导。同心镂板，庶广受持，非势至之同伦，即远公之旧社。聊伸序引，普告未闻。（出自宗晓集《乐邦文类》卷二）

（2）莲花胜会录文

夫以念为念、以生为生者，常见之所失也。以无念为无念、以无生为无生者，邪见之所惑也。念而无念、生而无生者，第一义谛也。是以实际理地，不受一尘，则上无诸佛之可念，下无净土之可生。佛事门中不舍一法，则总摄诸根。盖有念佛三昧，还原要术，示开往生一门，所以终日念佛，而不乖于无念；炽然往生，而不乖于无生。故能凡圣各住自位，而感应道交；东西不相往来，而神迁净刹。此不可得而致诘也。故经云："若人闻说阿弥陀佛，执持名号，乃至是人终时，心不颠倒，即得往生阿弥陀佛极乐国土。"夫如来世尊，虽分析摄二门，现居净秽两土。然本圣之意，岂直以娑婆国土丘陵坑坎五趣杂居，土石诸山秽恶充满，以是为可厌；极乐世界黄金为地，行树参空，楼茸七珍，华（花）敷四色，以是为可忻？盖以初心入道，忍力未淳，须托净缘，以为增上。何则？娑婆国土，释迦已来，弥勒未生，极乐世界，阿弥陀佛现在说法。娑婆国土，观音势至，徒仰嘉名；极乐世界，彼二上人，亲为胜友。娑婆国土，诸魔竞作，恼乱行人；极乐世界，大光明中，决无魔事。娑婆国土，邪声杂乱，女色妖淫；极乐世界，水鸟树林，咸宣妙法，正报清净，实无女人。然则修行缘具，无若西方，浅信之人，横生疑谤。

窃尝论之：此方之人，无不厌俗舍之喧烦，慕兰若之寂静，故有舍家出家，则殷勤赞叹。而娑婆众苦，何止俗舍之喧烦；极乐优游，岂直兰若之寂静？知出家为美，而不愿往生，其惑一也。万里辛勤，远求知识者，盖以发明大事，决择死生。而弥陀世尊，色心业盛，愿力洪深，一演圆音，无不明契。愿参知识而不欲见佛，其惑二也。丛林广众，皆乐栖迟；少众道场，不欲依附。而极乐世界，一生补处，其数甚多；诸上善人，俱会一处。既欲亲近丛林，而不慕清净海众，其惑三也。此方之人，上寿不过百岁，而童痴老耋，疾病相仍，昏沉睡眠，常居太半。菩萨犹昏隔阴，声闻尚昧出胎，则尺璧寸阴，十丧其九，而未登不退，可谓寒心。西方之人，寿命无量，一托莲苞，更无死苦，相续无间，直至菩提，所以便获阿惟越致，佛阶决定可期。流转娑婆促景，而迷于净土长年，其惑四也。若乃位居不退，果证无生，在欲无欲，居尘不尘，方能兴无缘慈，运同体悲，回入尘劳，和光五浊。其有浅闻单慧，或与少善相应，便谓永出四流，高超十地，诋呵净土，耽恋娑婆，掩目空归，宛然流浪，并肩牛马，接武泥犁，不知自是何人，拟比大权菩萨，其惑五也。故经曰：应当发愿，往生彼国。则不信诸佛诚言，不愿往生净土，岂不甚迷哉！

若夫信佛言而生净土，则累系之所不能拘，劫波之所不能害，谢人间之八苦，无天上之五衰，尚无恶道之名，何况有实？唯显一乘之法，决定无三，归依一体三宝，事奉十方如来。佛光照体，万惑潜消；法味资神，六通具足。三十七品助道法，应念圆成；三十二应随类身，遍尘刹土。周旋五趣，普被诸根；不动一心，遍行三昧。洒定水于三千，引众生于火宅；自利利他，皆悉圆满。然则唯心净土，自性弥陀，盖解脱之要门，乃修行之捷径。是以了义大乘，无不指归净土；前贤后圣，自他皆愿往生。凡以欲得度人，先须自度故也。呜呼！人无远虑，必有近忧，一失人身，万劫深悔。故率大海众，各念阿弥陀佛，百声千声，乃至万声，回向同缘，愿生彼国。

窃冀莲池胜会，金地法明，绮互相资，必谐斯愿。操舟顺水，更加橹棹之功，则十分之遥，可不劳而至也。

元祐四年冬，宗赜夜梦一男子，乌巾白衣，可三十计（许），风貌清美，举措闲雅，揖谓宗赜曰："欲入公弥陀会，告书一名。"宗赜乃取莲花胜会录，秉笔问曰："公何名？"白衣者云："名普慧。"宗赜书已，白衣者云："家兄亦曾上名。"宗赜问曰："令兄何名？"白衣者云："家兄名普贤。"白衣者遂隐。宗赜觉而询诸耆宿，皆云："《华严·离世间品》有二大菩萨名。"宗赜以为，佛子行佛事，助佛扬化，必有贤圣幽赞。然预此会者，亦岂小缘？普贤变名易号，不知谁何。今更以二大菩萨为首云。（出自宗晓《乐邦文类》卷二。文中括号内为正字。）

（3）念佛防退方便文

普劝道友曰：念阿弥陀佛，或百声千声乃至万声，回向往生西方净土。各于日下，以十字记之。念佛之时，一心专注，不得异缘。常念娑婆众苦，五浊煎熬，况乎一失人身，何时可复？幸诸道友，始终精勤，宝莲花中，决定见佛。（出自宗晓《乐邦文类》卷二）

（4）念佛回向发愿文

愿弟子某甲，普及四恩三有法界众生，从今已去，安住第一义谛，修行净业，孝养父母，奉事师长，慈心不杀，修十善业，受持三归，具足众戒，不犯威仪，发菩提心，深信因果，读诵大乘，劝进行者，念佛法僧，解第一义，以至诚心，称佛名号。观佛依正十六妙境，念佛本起四十八愿，筹量三辈，深入五门，随顺三种菩提门，信受十方诸佛教。或以散心定心，而修散善定善，依经起行，毕命为期。惟愿阿弥陀佛法力冥加，神通显益，令我等凝神觉路，暗蹈大方，进止威仪，不离见佛。如执明镜，自见面像，及于梦中，得见彼国众妙乐事，慰悦我心，令生增进，承佛威神，远离魔事，所有无量劫来业惑尘劳，皆为梵行，善根功德，同入性海，积集诸缘，并用回向，临命终时，无诸障难。七日以前，预知时至，身无痛苦，心不颠倒，身心安乐，如入禅定，遇善知识，教称十念，阿弥陀佛与诸圣众，现在其前，放大光明，授手迎接，自见其身，乘金刚台，随从佛后，如弹指顷，往生彼国。生彼国已，见佛色身，众相具足，光明宝林，演说妙法。闻已既悟无生法忍，住正定聚，永不退还，究竟至于一生补处，化身自在，周遍十方，无量国中，成等正觉。极重苦处，游戏设化，念念之中，令不可说不可说众生发菩提心，念念之中，令不可说不可说众生住菩贤行，福慧资粮，悉得圆满，同成无上正等菩提，各各庄严净土，各各摄化众生，如我世尊，等无有异。

所以虚空世界尽，众生及业烦恼尽，
如是一切无尽时，我愿究竟常无尽。
（出自宗晓《乐邦文类》卷二）

（5）劝念佛颂四首
三界炎炎如火聚，道人未见安身处；
莲花胜友待多时，收拾身心好归去。

目想心存望圣仪，直须念念勿生疑；
他年净土华门（花开）处，记取娑婆念佛时。

极乐不离真法界，弥陀即是自心王；
眉间毫相无方所，露柱灯笼亦放光。

恳修斋戒莫因循，千圣同开念佛门；
一旦功成归净土，白毫光里奉慈尊。

（出自《乐邦文类》卷五。文中括号内为正字。）

(6) 西方净土颂十三首
西方多乐事，浩劫杳难宣；
寿量曾无尽，光明岂有边。
道风吹绿蕙，定水发红莲；
海会朝宗处，无华（花）落座前。

海众知清净，菩提道易成；
心心皆正念，物物契真乘。
性地琉璃莹，圆音众鸟鸣；
会须登觉岸，莫遣随（堕）疑城。

足蹈无忧地，身心不老乡；
六时朝圣主，清旦诣他方。
宝殿随身去，天华（花）遍刹香；
归来还本住，禅悦味何长。

莫谓西方远，西方在目前；
虽然过十念，曾不离三千。
念佛才开口，华（花）池已种莲；
信心如不退，决定礼金仙。

池凝功德水，风动管弦音；

罗网幔空界，楼台映宝林。
六根常合道，万境了唯心；
不是人难到，都缘信未深。

行业分三辈，莲花共一池；
既然登极乐，决定获阿难（惟）。
障尽舒光日，心开见佛时；
个中无限乐，同道者方知。

极乐真如理，弥陀智慧光；
迷时沉此土，悟即往西方。
浩浩转回息，迢迢寿命长；
信根才一念，心地已清凉。

信重终须往，疑多未可知；
净心凭一念，功行越僧腔。
便列阿惟位，还将补处齐；
修行宜勇猛，不必待多时。

人问禅家者：宗门万事忘，
既称超极乐，何必往西方。
却听禅家语：西方是本乡，
马鸣亲训诲，龙树亦称扬。

莫话娑婆苦，娑婆苦杀人；
贪嗔痴乱意，皮肉血为身。
罗刹怨憎窟，无明阴入村；
会须登极乐，归路莫因循。

莫话娑婆苦，娑婆苦最深；
邪魔常作伴，疾病每相侵。
声色妖淫地，禅那淡泊心；
会须登极乐，归路莫沉吟。

莫话娑婆苦，令人涕泪交；
三灾轮内转，五痛火中烧。
鹤树光长掩，龙华会正遥；
会须登极乐，归路莫辞劳。

昔话娑婆苦，韦提白世尊；
劫逢烦恼烛，儿号未生冤。
调达心何逆，瓶沙恨莫论；
会须登极乐，此恶未尝闻。

（出自《乐邦文类》卷五。文中括号内为正字。）

（7）劝孝文

劝孝文曰：父母信知，念佛莲华（花）种植时也。一心念佛，莲华（花）出水时也。念佛功成，华（花）开见佛时也。孝子察其往生时至，预以父母平生众善聚为一疏，时时读之，令生欢喜。又谓父母坐卧向西，不忘净土，设弥陀像，然（燃）香鸣磬，念佛不绝。舍报之时，更须用意，无以哀哭失其正念。父母得生净土受诸快乐，岂不嘉哉？平生孝养，正在此时，寄语孝子顺孙，无忘此事！（出自《乐邦遗稿》卷下。文中括号内为正字。）

（8）关于宗赜的孝友文

长芦赜禅师作孝友文百二十篇，前百篇言奉养甘旨，为世间之孝；后二十篇言劝父母修净土，为出世间之孝。盖世间之孝，一世而止，犹为孝之小者；出世间之孝，无时而尽，以父母生净土，福寿不止，如恒河沙劫，此莫大孝也。父母存而不能以此劝勉，他日徒伤其心，徒为厚礼，亦何益乎？若又能转以化人，使更相劝化，以此功德，资父母之福寿，厚父母之善报，佛不阻众生之愿，此意必可遂矣。上品上生者，先言孝养父母，吾能摧是心以为孝养，其往生品第可见矣。（出自《龙舒增广净土文》卷六）

（9）洗面文

详夫面岂天然，麦非地涌；尽众生之血汗，乃檀越之脂膏。本疗形枯，为成道业。寻常受用，尚恐难消；况于荡洗精英，唯余筋滓？全资五味，借美色香；巧制千端，拟形鱼肉。致使鹅毛白雪之状，逐水流离常堂。口分之餐，三分去二，如斯枉费，实谓无惭。味稼穑之艰难，减龙神之佑（祐）护。设具轮王之福，犹须互解水消；虽非害命伤生，宁不招因带果。大觉世尊，一麻一麦；古来高士，果菜充饥。饮食之侈未除，解脱之期安在？但愿参禅得髓，何须洗面求筋？纵消万两黄金，正好粗羹淡饭。既免多求妨道，自然所向清高。虽云淡薄家风，别是一般安乐。痛想圆通慈训，真堪换骨洗肠法云圆通禅□（师）常戒学徒不洗面；深思舜老规绳，须是斩钉截铁云居舜和尚制常住及诸庄并不令洗面。大众同推道念，莫嫌供养萧疏。假饶斫下山僧头，决定不洗常住面。元符三年十一月一日住持宗赜白。

洗心犹在半途中，洗面何曾振古风。
今日丛林思舜老，昔时宗匠忆圆通。

种麦辛勤磨麦难，莫将洗面作盘餐。
为怜枉费情何似，恰与山僧肉一般。

任□丰年犹损福，假饶凶岁亦伤财。
殷勤为报诸禅者，紧把绳头更不开。

正使有余须受惜，不应过分太无渐（惭）。
阎罗老子真难解，主稼龙神意未甘。

莫言此费不多争，万事皆从洗面生。
舜帝昔年为漆器，百僚犹谏不须行。

面里有筋须有脚，忽然筋去脚难行。
自家吃著情犹倦，过与他人意未平。

调和香味如真肉，斗飣肥鲜作假鱼。
画佛既然成道果，像生那得证无余。

三冬洗处寒侵骨，九夏蒸时汗满身。
费水费油兼费火，劳人劳畜亦劳神。

道者疏餐乐有余，净人还不费工夫。
寻常普请供承外，落得参禅诵佛书。

不学诸方五味禅，个中消息更天然。
成汤祝网从君意，吕望垂钩信我缘。

三时普请归禅室，一念无心过虎溪。
钵里饭盛粗粟米，桶中羹是淡黄齑。

玉食尊官莫动情，随堂斋饭太粗生。
空门平等无高下，千圣从来一路行。

信心檀越事斋筵，莫以萧疏意便阑。
大抵精粗同一饱，细论功过却多般。

效古修行利益深，新罗不是拗丛林。
虽然冷淡无滋味，聊表禅家一片心。

君亲义重曾轻舍，水陆庖精尚远离。
今日此情犹未息，低头更念出家时。

摩（磨）盘拭案强逢迎，终愧禅林本分僧。
出世道心随日减，顺情人事逐年增。

丛林枯淡变柴林，日用萧条古意深。
不洗十方常住面，唯参六代祖师心。

莫以今人似古人，较量终是有疏亲。
当时建磨分皮髓，后代儿孙洗面筋。

疏斋易备长安乐，美食难消损道缘。
多见水边林下客，一生无事亦长年。

已学坏衣为乞士，忍夸精馔敌王公。
有人解笑从他笑，甘竖降旗立下风。

不是忧贫不是悭，息繁餐道合如然。
通心上士应相委，多口禅和莫乱傅。

乳蕹荤膻损戒香，面筋奢靡费常堂。
如今一笔都勾下，转觉空门气味长。

洗面终归克化难,因循多病障轻安。
凡夫福德能多少,纵使沧溟也解乾(干)。

本来面目甚分明,逐浪随波太瘦生。
应被丛林高士笑,天真丧尽得浮名。

龙象高僧意不群,撩天鼻孔气凌云。
尚嫌禅悦珍羞味,争肯噇爱面筋。

山僧初未历艰难,振领提纲似等闲。
十五万斤常住面,已随流水过人间。

虽然指马事难明,同过同功未可凭。
惜福此时因大众,无惭当日是山僧。

招提枉费祸难量,见说泥犁岁月长。
却恐那时妨道业,不如今日且寻常。

丛林执事莫痴憨,苦果酬因岂易担。
更拟诸方问王老,不知辛苦为谁甜。

僧家一饭且支身,惜福由来戒面筋。
大嚼屠门真可愧,十千沽酒又何人。

天生三武祸吾宗,释子还家塔寺空。
应是昔年崇奉日,不能清俭守真风。

山僧特地改家常,图得吾门更久长。
若向此时疏奉养,免教他日误君王。

唐朝欲末事如麻,兵火屠烧万万家。
当日太平思俭约,可能巢贼乱中华。

宴安风范日骄奢,须趁升平剪祸芽。
所以吾门增淡薄,且图天下息繁华。
摄伏龙天动鬼神,盖因高行出凡伦。
从(纵)教古(枯)淡无人爱,只此清修是化门。

随家丰俭事难同,禅悦偏宜淡薄中。
下口若知无味味,举头方见不空空。

受福人多惜福稀,得便宜是落便宜。
云门胡饼金牛饭,一饱心头忘百饥。

百衲袈裟五缀盂,二时宁复计精粗。
沙门毕竟宜清苦,软暖修行道业疏。

太平人物侈心开,受用殷繁养祸胎。

惭愧未生痴福尽，灾荒水旱蓦头来。

太平生齿渐增加，美食鲜衣器用华。
地方有穷财有限，此时宜俭不宜奢。

（出《缁门警训》卷八。文中括号内为正字。）

诸清规序

（1）杨亿古清规序

百丈大智禅师，以禅宗肇自少室，至曹溪以来，多居律寺。虽列别院，然于说法住持，未合规度。故常尔介怀，乃曰："佛祖之道，欲诞布化，元冀来际不泯者，岂当与诸部阿笈摩教为随行耶？"或曰："《瑜伽论》、《璎珞经》是大乘戒律，胡不依随哉？"师曰："吾所宗非局大小乘，非异大小乘，当博约折中，设于制范，务其宜也。"于是创意，别立禅居。凡具道眼者，有可尊之德，号曰长老，如西域道高腊长呼须菩提①等之谓也。即为化主②，即③处于方丈，同净名之室，非私寝之室也。不立佛殿④，唯⑤树法堂者，表佛祖亲属受，当代为尊也。所裒学众，无多少，无高下，尽入僧堂，依夏次安排，设长连床，施椸架，挂搭道具，卧必斜枕床唇，右胁吉祥睡者，以其坐禅既久，略偃息而已，具四威仪也。除入室请益，任学者勤怠，或上或下，不拘常准。其阖⑥院大众，朝参夕聚，长老⑦上堂升座，主事徒众，雁立侧聆，宾主问⑧酬，激扬宗要者，示依法而住也。斋粥随宜，二时均遍者，务于节俭，表法食双运也。行普请法，上下均力也。置十务，谓之⑨寮舍，每用首领一人，管多人营事，令各司其局也。或有假号盗形，混于清众，别致喧扰之事，即当维那检举，抽下本位挂搭，摈令出院者，贵安清众也。或彼有所犯⑩，即以拄杖杖之，集众烧衣钵道具，遣逐从偏门而出者，示耻辱也。详此一条制有四益：一、不污清众，生恭信故；二、不毁僧形，循佛制故；三、不扰公门，省狱讼故；四、不泄于外，护宗纲故。四来⑪同居，圣凡孰辨⑫？且如来应世，尚有六群之党；况今像末，岂得全无？但见一僧有过，便雷例讥诮，殊不知轻众坏法，其损甚大。今禅门若稍无妨害者，宜依百丈丛林规式，量事区分。且立法妨奸，不为贤士，然宁可有格而⑬无犯，不可有犯而⑭无教。惟大智禅师护法之益，其大矣哉。禅门独行，自此老始。清规大要，遍示后学，令不忘本也。其诸轨度，集详备焉。

亿幸叨睿旨，删定传灯，成书图进，因为序引。时景德改元岁次甲辰良月吉日书⑮。（出《敕修百丈清规》卷八）

校记：

杨亿之古清规序，元德辉之《敕修百丈清规》、清仪润之《百丈清规证义记》皆作全文载录，文字有所出入。兹以德辉本为底本，以仪润本为校本，出校记如下：

① "须菩提"，仪润本作"阿阇黎"。
② "化主"，仪润本作"教化主"。

③ "即"，仪润本无。

④ "佛殿"，仪润本作"余殿"。

⑤ "唯"，仪润本作"先"。

⑥ "阖"，仪润本作"合"。

⑦ "长老"，仪润本作"长者"。

⑧ "问"，仪润本误作"间"。

⑨ "谓之"，仪润本无。

⑩ "彼有所犯"，仪润本下有"集众公议行责"六字。

⑪ "四来"，仪润本作"大众"。

⑫ "辨"，底本误作"办"，据仪润本改。

⑬ "而"，仪润本无。

⑭ "而"，仪润本无。

⑮ "时景德改元岁次甲辰良月吉日书"，仪润本无。

（2）咸淳清规序

丛林规范，百丈大智禅师已详，但时代浸远，后人有从简便，遂至循习。虽诸方或有不同，然亦未尝违其大节也。余处众时，往往见朋辈抄录《丛林日用清规》，互有亏阙。后因暇日，悉假诸本，参其异，存其同，而会焉。亲手缮写，颇为详备，目曰《丛林校定清规总要》，厘为上下卷，庶便观览。

吾氏之有清规，犹儒家之有《礼经》。礼者从宜，因时损益。此书之所以继大智而作也，是皆前辈宿德先后共相讲究纪录，愚不敢以所闻所见而增减之，如前所谓参其异存其同而会焉尔耳，观者幸勿病诸！

咸淳十年甲戌岁结制前二日，后湖比丘惟勉书于寄玩轩。

(出《敕修百丈清规》卷八)

(3) 至大清规序

《礼》于世为大经,而人情之节文也,沿革损益以趋时,故古今之人情得;纲常制度以揆道,故天地之大经在。且吾圣人,以波罗提木叉为寿命,而《百丈清规》由是而出。此固丛林礼法之大经也。然自唐抵今,殆五百载。风俗屡变,人情不同,则没革损益之说可得已哉?

近者大川、笑翁二祖唱道南北山,《日用轨则》盛于当代。至元戊寅,依石林和尚于南屏,犹得见其遗风余烈。及友云明西堂出所藏抄本,究心访问,编集成帙。

始此书之作,或以为僧受戒首之,或以住持入院首之。壬午,依觉庵先师于承天朝夕扣问,因得以祝圣、如来降诞二仪冠其前,其余门分类聚,厘为十卷,然犹未敢以传学者。丙戌夏,留雪窦,千峰琬西堂论其详。丁亥春,溪西泽和尚正其舛,得于见闻稔矣,而尚以未身行之为愧。壬辰夏,首众双径,小座汤,有位次高下之争,诸方往往废而不举。愚以西堂一出,首座再出,都寺三出,后堂四出,藏主、维那、知客、侍者随职为位,请于云峰伯父力行焉,讫事无敢哗者。元贞乙未,备员永嘉天宁;大德庚子,补番阳永福;乙巳,主庐山东林,皆行之无易,庶几人情为折中。然视古之清规,不庶几繁缛乎?盖块桴土鼓,不可作于笙镛间和之秋;污樽杯饮,不可施于牺象骈罗之日。曰《禅林备用清规》,备而不用之谓也。知我罪我,其惟春秋!

至大辛亥秋,庐山东林壹咸书。(出《敕修百丈清规》卷

八)

(4)《敕修百丈清规》序

天历至顺间,文宗皇帝建大龙翔集庆寺于金陵,寺成,以十方僧居之,有旨行《百丈清规》。元统三年乙亥秋七月,今上皇帝申前朝之命,若曰:近年丛林清规往往增损不一,于是特敕百丈山大智寿圣禅寺住持德辉重辑其为书,仍敕大龙翔集庆寺住持大欣,选有学业沙门共为校正之,期于归一,使遵行为常法。德辉等奉命唯谨,书将成,属玄为叙。玄尝闻诸师曰:"天地间无一事无礼乐,安其所居之位为礼乐,其日用之常为乐。"程明道先生一日过定林寺,偶见斋堂仪,喟然叹曰:"三代礼乐,尽在是矣!岂非清规纲纪之力乎?曰服行之熟,故能然乎?循其当然之则,而自然之妙,行乎其中,斯则不知者以为事理之障,而知之者则以为安乐法门,固在是也。然使是书庞然,杂而不伦,则有序而和之意,久而微矣。故校雠之功,有益于是书甚大,而两朝嘉惠学人之旨,相为无穷焉。宋清规行,杨文公亿为叙本末条目具详,兹不重出云。

至元二年丙子春三月上浣,翰林直学士中大夫知制诰同修国史国子祭酒庐陵欧阳玄叙。(出《敕修百丈清规》卷八)

(5)德辉《敕修百丈清规·序》

《百丈清规》行于世尚矣,由唐迄今,历代沿革不同。礼因时而损益有不免焉,往往诸本杂出,罔知适从,学者惑之。异时一山万禅师致书先云翁,约先师共删修刊正,以立一代典章。无何,三翁先后皆化去。区区窃欲继其志而未能也。

后偶承乏百丈会,行省为祖师请加谥。未报,遂诣阙以闻御史中台撒迪。公引见圣上,得面奏清规所以然。因被旨重编,令笑隐校正,仍赐玺书颁行。受命以来,旁求初本,不及见,惟宋崇宁真定赜公、咸淳金华勉公、逮国朝至大中东林咸公所集者为可采。于是会粹参同而诠次之,繁者芟,讹者正,缺者补,互有得失者两存,之间以小注折衷,一不以己见妄有去取也。稍集,笑隐凡定为九章,章冠以小序,明夫一章之大意,厘为二卷,使阅而行者,条而不紊,庶几吾祖垂法之遗意,得以遵承。而辉惧夫学识荒陋,何能上副宸衷,作新规范?不过因人成事。幸毕先志,期学者无惑而已。

若曰立一代典章,非愚所敢知也。或曰:"汝汲汲于是书,若有意于宗教。方今国家通制,昭布森列,奉行或犹未至,而欲清规之行乎?迂哉!"因语之:"然亦未尝废其书,顾柄法者力行之何如耳。佛祖制律创规,相须为用。使比丘等外格非,内弘道,虽千百群居,同堂合席,齐一寝食,翕然成伦,不混世仪,不扰国宪,阴翊王度通制之行,尼于彼,达于此,又何迂哉!"或者谢而退。故并识于兹,以告吾徒益自勉焉。

宋杨文公作古规序,与夫三公所集自序,悉附著云。

至元后戊寅春三月,东阳比丘德辉谨书。(出《敕修百丈清规》卷八)

(6) 普应国师《幻住庵清规序》

《鲁语》谓:"君子学道则爱人,小人学道则易使"也。蒙庄亦云:"鱼相忘于江湖,人相忘于道术。"斯入世之道尚能易使而相忘,矧佛祖之道,混彼此,齐自佗,交彻融摄而无间然者也。心存乎道，不待礼而自中，不俟法而自正矣，又何丛林规矩云哉？嗟乎，人心之不规道久矣，半千载前，已尝瓦解。百丈起为丛林以救之，迨今不能无弊。今庵居处众，固不敢效丛林礼法而日用，又不可破规裂矩，勉置《须知》一编，列为十门，为主伴交参之标准。自成一家之规，非敢与大方共也。其有真参究之士，摄念于天真未散之顷，终日作而不见其劳，终日息而不知其佚，外忘礼法，内空能所者，以是编为疣赘，则我何敢辞焉。

延祐丁巳冬，幻住沙门书。（出《幻住清规》）

附编二

宗赜及《禅苑清规》的内容与价值

一、清规的制定与发展

隋唐时期是中国佛教发展的鼎盛时期。中国自两汉之际开始接触佛教文化,中经魏晋南北朝时期中印两大文化系统的冲撞融合,迄至隋唐而相继形成了天台、华严、禅宗等具有鲜明民族特色的佛教宗派。这些宗派的出现,标志着中国佛教民族化历程基本结束,并由此开始了中国佛教独立发展的新时期。

在中国佛教各派中,民族特色最为突出的是禅宗。它以中国社会文化的具体特性为基点,在教理教义、教学方法以及寺院制度等多个方面进行改革创新,使其民族特色达到了相当彻底的程度。

从教理来看,禅宗思想是创造性地融合旧的佛教思想的结果。魏晋以来的佛教教学研究有两大主流,一是般若学,二是佛性论。般若学主张缘起性空,一切本空;佛性论主张妙有佛性,众生成佛。般若学的性空是要说明众生与万物没有本体自我,一切万法无非是众缘的偶合,如幻如化;佛性论则直接承认一切众生本有佛性,与佛同体。从理论上讲,这两种学说是矛盾对立的，它与原始佛教的"无我"与轮回主体之间存在的矛盾一样，是长期困扰中印佛教的重大理论问题。由于"无我"思想一直是印度思想的主导精神，遂使大乘般若在印度各地广泛传播，佛性论的影响则微乎其微，两种理论体系之间的矛盾，也就没有充分地表现出来。中国的情况正好相反。按照中国文化的传统，一种纯粹以"无我"为思想精神的理论是难以令人接受的。中国的文人学者，多习惯于在纷纭复杂的现象背后寻求一种精神的主体，用以作为自身主体追求的归宿，立身处命的寄托。大概正是由于这种传统的影响，使得中国佛教在几乎与鸠摩罗什、僧肇等人在关中译讲般若典籍，传播般若学的同时，便转而全面研究涅槃佛性论。其目的就是要寻求一种实实在在的精神本体，以消遣人们对"绝对"无的恐慌。实际上，佛性思想以及由此而来的心性理论，一直就是中国佛教思想的主流，这反过来也说明了中国文化对于精神主体的高度重视。而魏晋南北朝时期中国佛教对佛性思想的研究，正是禅宗思想形成与发展的首发阶段。

　　按照佛性论的观点，一切众生都是与佛相通的。他们本来具有佛性，秉承着成佛的一发种子。众生与佛的区别仅在于染与净、迷与悟的不同，也就是所谓的迷则众生，悟则作佛。然而，众生如何转迷为悟、化染入净呢？也就是说，众生发掘自身佛性的方法是什么呢？在这一问题上，中国佛教又回到了般若之中。荡相遣执是般若的主要功能。凡所有相，皆为虚妄。般若超越其他佛教理论之处，就在于它的消除众生妄执的能力上。中国的佛性论者看到并运用了般若的这一特殊功能，主张用般若扫迷，以悟众生本有佛性，因而消弭了两种理论之间的隔阂，将两种本来矛盾对立的理论有机地组合到了一起，在佛教理论中国化方面迈出了重大的一步。

中国的禅宗，名义上是以北魏菩提达摩为初祖，实则以四祖道信（580—651）、五祖弘忍（601—674）为真正的创始人，而广泛影响后世的南宗禅法则开创于慧能（638—713）。从慧能的思想中，我们可以清楚地看到中国佛教的这种发展趋势。他的禅法理论，实际上就是般若学说与佛性理论结合的结果。他从般若学说中吸取了空观论以及二谛论和不二法门的方法论，又从佛性论中吸取了众生成佛的佛性论，将两种理论融会贯通，创造性地提出了直接人心、见性成佛的顿悟法门。慧能的思想，源于印度旧有的佛学主张，又不拘于印度思想的束缚。他从中国文化的实际情况出发，巧妙运用般若与佛性理论的各自优势，创出了一条适合中国性情的思考线路，实现了佛教中国化的创造过程。南宗禅的思想，代表了中国佛之后佛教思想发展的主流。

随着佛教中国化进程的完成，禅宗思想体系的建立，禅宗的教学内容与方法也发生了极为深刻的变革。无论是在印度佛教，还是中国佛教早期发展的过程中，经典传播与禅法修持都是佛学最为根本的教学内容，而主要的教学方法则是师徒之间的递相传授。禅宗的成立，使得这种传统发生了根本变革。般若是禅宗思想的主要来源之一。按照这一理论，世间有形有相的万事万物都是空幻不实的。语言作为人们日常交流思想的工具，虽在日常生活中有着不可替代的作用，但在表达佛法真理的时候却有着先天的局限。佛法真理是超越形相的，因此就不可能由有形有相的世间语言表达出来。这一问题的出现，使得传统的注重文字传授的教学方法受到了挑战。受历史的影响，慧能以前的禅宗在教学内容、教学方法上还有许多传统的色彩，如菩提达摩的"籍教悟宗"、"二入四行"，突出《楞伽经》在禅法悟证与传手方面的作用，具有很强的文字传授的意味。直到道信、弘忍之际，《楞伽经》在禅宗传持过程中也都是比较突出的。到了慧能，情况发生了根本变化。

我们知道，即心即佛，无念为宗为慧能思想的根本特征之一。在他看来，众生与佛的区别仅在于自心迷悟的不同，"自性迷，佛即众生；自性悟，众生即是佛"，佛与众生是不二的。他尤其主张，众生自心具足一切，不假思虑，不假修持，不起一念，众生当下即成佛道，顿悟成佛。正是从这一思想出发，慧能对读经、坐禅等传统的教学方法提出了自己的看法。对于读经，他认为，"三世诸佛，十二部经，亦在人性中，本自具有"，所以众生只要明心见性，识自本心，读不读经并不重要。对于坐禅，慧能明确提出了禅非坐卧的观点。他从无念的思想出发，将坐禅融于行住坐卧的日常生活之中，认为只要于境上不起一念，自性自定，就是坐禅了。如果执着形式，坐禅入定，反而会阻碍自性的发挥，成了障道因缘。慧能的思想，虽然没有完全否定读经坐禅的功用与价值，但却将其功用价值降低到了最小的程度。受此影响，后来的禅宗在教学方法上走上了与传统明显不同的道路。他们不注重读经、坐禅等传统形式，而是侧重在具体机缘中激扬发挥，促使学人于担水劈柴的日常生活中直接心源，悟见身自身本来佛性。这种教学方法延伸到后来，又出现了机锋棒喝、公案语录等一套禅宗特有的接机、参学方式，形成了禅宗特有的教学方法。

禅宗的民族性特征，不仅表现为禅宗义理与教学方法的革命，更为重要的是表现为生活方式的改变。禅宗对于佛教生活方式的改变，突出表现在禅寺的创立及丛林清规的制定与普及上。

戒律是佛教三学的重要组成部分。慧能创立南宗禅法之前，佛教界通用的戒律有小乘的《摩诃僧祇律》、《十诵律》、《四分律》，其中《四分律》由于道宣的加力提倡，于唐代以后非常流行。大乘佛教最为流行的则是传为鸠摩罗什所译的《梵网经》。以上诸种戒律，都是印度佛教文化的产物，大多内容繁复，条制纷纭，实际上并不适合中国人崇好简易的思想传统。尤其是禅宗出现以后，由于僧宗僧人特有的生活习惯和思想方式，传统的佛教律学与禅宗间的不适应性逐渐强化，继续使用旧的佛教戒律来约束禅宗僧人，已变得不太现实。

禅宗的形成是一个发展的过程。禅宗的早期僧人是一些托钵云游、四处参访的头陀行者，他们多数来自社会下层，文化程度不高，对纷繁复杂的佛教律学没有什么深入的研究。而且，他们多数行踪飘忽，居无定所，或消影岩林，苦行苦修，很少隶属于某一固定的寺院，也就很少寺院戒律制度的制约。因此，早期的修禅者可以说是一批云离于佛教律学之外的特殊群体，他们对佛教律学的把握是有限的，持律的精神也不见得有多么严格。这就意味着，对于早期的修禅者来说，原有的佛教戒律的不适应性已十分明显,已不能完全用来指导禅僧的宗教生活实践。

需要说明的是,在四祖道信、五祖弘忍正式建立禅宗以前,佛教律学与禅僧实践之间虽然已经出现了不适应的地方,但由于他们当时还没有作为宗教集体定居下来,修禅者的生活实践多是个体行为,因此,如果律学规范方面出现了隙漏,当律学不能全部指导禅僧修行实践时,修禅者还可以依靠自身的道德修养,使之行为与传统律学的要求相一致。即使不能一致,也可以将其违律解释为个人行为。但随着禅宗的正式成立,随着道信、弘忍"东山法门"的开创以及禅宗首次定居黄梅,禅宗已经形成了一个特殊的宗教团体。在这种情况下,如果仍有违律事情发生,就不能再简单地解释为个人行为。从这一点看,禅宗成立之后,严格寺院戒律制度已是势在必行之事。而另一方面,禅宗的成立,使得禅宗僧人的生活方式发生了根本改变,他们一方面继续保持了云游参学的传统,另一方面则开始由早期行踪飘忽的托钵行者、苦行苦修的岩林隐士,变为自食其力、直接从事生产经营的体力劳动者。这种改变使得禅宗与其它佛教宗派之间的差别进一步扩大。尤其是在生产经营上,其它佛教宗派基本上是依靠国家的支持而生存的,僧人自身并不需要直接进行生产劳动。而禅宗是自下而上发展起来的,缺少国家财政支持,他们的经济基本要自食其力,自行解决。因此,禅宗自其一成立开始,就带有农禅并重的特色,在生活实践方面与其它宗派迥然相异。这种差别反过来进一步扩大了禅宗与传统佛教律学之间的不适应性,于是,一种新的适合于禅宗生活实践的律学的出现,就是必然的了。这种新的戒律制度,就是禅宗的丛林清规。

"清规",字面的意思是清净的仪轨,实际上就是禅宗自身生产生活、寺院管理等方面的制度与规定。禅宗认为,清规可以保证寺院大众的清净,有利于禅宗的生存与发展,所以称之为"清规"。禅宗的清规,一方面是根据禅宗生活实践进行创新的产物,另一方面则是改造、汲取传统律学的结果。中国僧人改造戒律,制定寺规,其实早在禅宗以前就已经有人进行。如东晋道安,"德为物宗,学兼三藏,所制僧尼规范,佛法宪章,条为三例:一曰行香定座、上经上讲之法;二曰常日六时行道、饮食唱时(食)法;三曰布萨、差使、悔过等法。天下寺合,遂则而从之"[1]。再如梁法云为光宅寺主时,亦曾"创立僧制,雅为后则"[2]。然而,由于历史的原因,他们的所作所为影响是有限的。真正全面改变中国佛教寺院规范的戒律改革,出现在禅宗之中。而禅宗丛林规范的正式出现,又以百丈怀海(720—814)为开始。百丈俗姓王,原籍福州长乐,自幼出家,后于南康从马祖道一受教,然后受请居住新吴(江西新奉)大雄山,接纳四方禅众。大约于唐元和年间(806—820),开始创立禅寺,制定了禅林规式。百丈生活的时代,上距禅宗正式成立已过百余年。在此一百余年时间里,禅宗依然依附于其它律寺之中。由于生产生活乃至宗教实践方面的差异,二者之间必然出现了许多矛盾。据杨亿《百丈清

---

[1] 《梁高僧传·道安传》。
[2] 《唐高僧传·法云传》。

规序》,"百丈大智禅师,以禅宗肇自少室,至曹溪以来,多居律寺。虽列别院,然于说法住持,未合规度,故常尔介怀。乃曰:'佛祖之道,欲诞布化,元冀来际不泯者,岂当与诸部阿笈摩教为随行耶?'……师曰:'吾所宗非局大小乘,非异大小乘,当博约折中,设于制范,务其宜也。'于是创意别立禅居"。盖自道信、弘忍以来,禅宗一方面仍然依附于律寺之中,另一方面又不能全部遵守律寺的制度,遂使禅宗僧人于说法住持之间,不合规度之事常有发生。传统戒律与禅宗之间的不适宜处已经充分显露出来。有鉴于此,怀海一方面锐意创立禅寺,使之从律寺中独立出来;另一方面又致力于禅寺戒律制度建设,以便禅宗僧人有自己的戒律可守。他所建立的禅林规范制度,原名《禅门规式》,又称《古清规》,就是佛教史上有名的《百丈清规》。此书原本已经佚失,元代德辉奉敕重修为八卷的《敕修百丈清规》,为官方颁布通行,风行天下。

　　《百丈清规》虽有元代德辉的重修本行世,其中包含了一些百丈怀海亲自制定的规范制度,但其详细内容已不得而知。据赞宁《百丈传》,百丈"令不论高下,尽入僧堂,堂中设长连床,施椸架挂搭道具。卧必斜枕床唇,谓之带刀睡。为其坐禅既久,略偃亚(息)而已。朝参夕聚,饮食随宜,示节俭也。行普请法,示上下均力也。长老居方丈,同维摩之一室也。不立佛殿,唯树法堂,表法超言象也。其诸制度,与毗尼师一倍相翻,天下禅宗如风偃草。禅门独行,则海之始"①。

---

① 《宋高僧传·百丈怀海传》。

从其"不论高下，尽入僧堂"，"堂中设长连床"，"朝参夕聚，饮食随宜"等项规定中，我们可以清楚地看到，百丈所要建立的是一种同吃同住，上下均等的生活方式。"普请"即集众劳动。《僧史略》卷上："共作者，谓之普请。""普请法"的建立，则标志着百丈时代农禅并重已经成为禅宗寺院一种稳定的经济形式，并随着百丈禅林清规的制定而开始规范化与制度化。

除了赞宁以外，宋翰林学士杨亿对《百丈清规》的主要内容也作了一些叙述。他在《古(百丈)清规序》中写道，百丈"于是创意，别立禅居。凡具道眼者，有可遵之德，号曰长老。如西域道高腊长呼须菩提等之谓也。即为化主，即处于方丈，同净名之室，非私寝之室也。不树佛殿，唯立法堂者，表佛祖亲嘱受，当代为尊也。所裒学众，无多少，无高下，尽入僧堂，依夏次安排，设长连床，施椸架挂搭，卧必斜枕床唇，右胁吉祥睡者，以其坐禅既久，略偃息而已，具四威仪也。除入室请益，任学者勤怠，或上或下，不拘常准。其阖院大众朝参夕聚，长老上升座，主事从众雁立侧聆，宾主问酬，激扬宗旨者，示依法而住也。斋粥随宜，二时均遍者，务于节俭，表法食双运也。行普请法，上下均力也。置十务，谓之寮舍，每用首领一人，管多人营事，令各司其局也。或有假号窃形，混于清众，别致喧扰之事，即当维那检举，抽下本位挂搭，摈令出院者，贵安清众也。或彼有所犯，即以拄杖杖之，集众烧衣钵道具，遣逐从偏门而出者，示职辱也①。"与赞宁相比，杨亿的介绍增加了一些内容，增加的内容主要包括寺院职务的设定以及摈逐法的使用。据他本人介绍，杨亿为《古（百丈）清规》作序是在奉旨删定《景德传灯录》时（1007）进行的，上距赞宁修定《宋高僧传》的太平兴国七年（982）仅二十余年。因此，赞宁与杨亿所见到的《百丈清规》应该是一致的。这就意味着，原本《百丈清规》之中应该包括杨亿介绍的两项基本内容。也就是说，百丈的清规，是以农禅并举为基础，一方面确立了禅宗僧人同吃同住同劳动的原则精神，另一方面又从寺院安定的考虑出发，初步建立了一些僧人职务和寺院管理办法，也制定了一些应付寺院纷争的基本措施。这些制度的制定，使得中国佛教在寺院管理、戒律生活等方面上开始摆脱了旧的佛教戒律的影响，走上了一条纯粹的中国化的道路，使中国佛教在民族化方面达到了非常的高度。

二、宗赜的生平与思想

（一）宗赜的生平

《百丈清规》的制定，曾引起禅宗之外僧家的批评。"百丈怀海禅师，始立天下禅林之规式。议者恨其不遵佛制，犹礼乐征伐自诸侯出。"② 应该说，《百丈清规》的建立遭人物议，

---

① 《敕修百丈清规》卷八之杨亿《古清规序》。
② 《释门正统》四。

引起禅宗之外僧家的批评，在唐代佛教诸宗并行共盛的时代是必然的。然而，由于《百丈清规》是从禅宗发展的实际情况出发作出的，与传统律学相比更加符合中国的实际，也就更容易为禅宗诸寺广泛接受。因此，《百丈清规》一经出现，便"如风偃草"，立即在天下禅宗中得以通行。尤其是百丈那种决不拘泥律学条制的精神，更是给了禅宗僧人以极大启发。《百丈清规》通行之后，禅宗诸家祖师又经常随时间处所的不同，对《百丈清规》加以修订，建立符合各自寺院的丛林规式，进一步发展了禅宗的丛林制度。由此可以看出，百丈及其《百丈清规》在中国佛教尤其是禅宗发展史上确实具有极为重要的作用与意义。

然而，百丈的《禅门规式》原本早已佚失。佚失的原因，大概是因为百丈的《禅门规式》建立的时间过早，虽曾风靡天下禅林，但禅宗后来的发展格局、规模，都与百丈当时的情形有了很大的不同，后代禅宗祖师因而经常制定各自的寺院规式，并不泥守于《禅门规式》。这就使得百丈的《禅门规式》逐步失去了存在的价值，导致佚失。《禅门规式》虽然佚失了，但其主要内容实际上并没有丢失，而是被后代禅宗祖师组织、汲收到了他们的丛林清规之中，只是我们现在已经很难找出究竟哪些是百丈《禅门规式》的内容了。

在现存的禅宗清规著作中，最古的是宗赜的《禅苑清规》。宗赜，明明河《补续高僧传》有传。据载：

> 宗赜，襄阳孙氏子。父早亡，母携还舅氏家鞠养。长成习儒业，志节高迈，学问宏博。年二十九，幡然曰：

"吾出家矣!"遂往真州长芦,从秀圆通落髮,学最上乘。未几,秀去而夫继。师得旨于夫,遂为夫嗣,而绍长芦之席。一法窟父子接踵弘阐者三世,云门之道大震,江淮之间,几无别响。师上堂曰:"金屑虽贵,落眼成翳。金屑既除,眼在甚处?"拈拄杖曰:"还见麽?"击香桌①曰:"还闻麽?"靠却拄杖曰:"眼耳若通随处足,水声山色自悠悠。"启示明切若此。

师性孝,于方丈侧别为小室,安其母于中。劝母薙发,持念阿弥陀佛号。自制《劝孝文》,曲尽哀恳。师虽承传南宗顿旨,而实以净土自归。至感普贤、普慧二大士,梦求入社,其精诚可知矣。其母临终,果念佛吉祥而逝。始卒数十年间,以安养一门摄化。缁白从化,临终正念如其母者,盖不知几何人。

师持勤匡道一念,得自天性。以言难及远,往往托笔墨以致心焉。其劝供养则曰:"若有无限之心,则受无穷之福。"其劝坐禅则曰:"一切善恶,都莫思量。念起即觉,觉之即失,久久忘缘,自成一片。"又曰:"道高魔盛,逆顺万端,但能正念现前,一切不能留碍。"其警游谈则曰:"既乖福业,无益道心。如此游言,并伤实德。"其警拨无则曰:"粗解法师,不通教眼;虚头禅客,不贵行门,此偏枯之罪也。"又曰:"宗说兼通,若杲日丽虚空之界;心身俱静,如琉璃含宝月之光。可谓蓬生麻中,

---

① "桌",原作"卓",据文意改。

不扶自直；众流入海，总号天池。"其言意至味一脔可以知全鼎矣。未详所终。

据此，宗赜本为湖北襄阳人，俗姓孙，父母早亡。二十九岁出家，至真州（今江苏仪征、六合等地）度芦，从法云法秀（1027—1090）禅师出家。法秀后至汴京（洛阳）主持法云寺，宗赜遂投师长芦应夫门下，并于应夫门下得悟。

宗赜的生卒年代，史书失载。然据《宗赜传》，他是二十九岁时从法秀出家的，随即法秀去了汴京。考《佛祖历代通载》卷十九，汴京法云寺乃是冀国长公主所建，建成之后，宋神宗诏"秀为开山第一祖"，并遣中使前往降香，以表神宗亲至之礼。又据《释氏稽古略》卷四，神宗诏请法秀的时间是元丰七年（1084）。也就是说，如果史书记载无误，宗赜应该出生于元丰七年之前二十九年，即是公元1056年，也就是宋仁宗嘉祐元年。

宗赜虽从法秀出家受戒，但其真正的传法老师则是长芦宗福禅院的应夫广照。应夫广照，滁州人，俗姓蒋，生平不详。应夫上嗣天衣义怀（993—1064），义怀上嗣雪窦重显（980—1052），雪窦上嗣智门光祚，光祚上嗣香林澄远（？—987），澄远上嗣云门文偃（？—949），是为禅宗青原系下云门禅的创始人。也就是说，在禅宗谱系上，宗赜实为禅宗青原下十二世、云门下第六世传人。云门禅是北宋禅宗发展的主要派别之一，在宗赜生活的时代，云门禅法在江南江淮之间仍然相当盛行。真州长芦实际上就是传播云门禅法的一个重要据点。宗赜的老师应夫上嗣天衣义怀，而法云法秀其实也是义怀的弟子。

因此《宗赜传》才说:"一法窟父子接踵弘阐者三世,云门之道大震,江淮之间,几无别响。"可以看出,从法秀到应夫,再从应夫到宗赜,他们在真州长芦对云门禅法进行了坚持不懈的传播,使云门禅成为当地最为主要的佛教派别。宗赜得法后,于应夫之后继绍"长芦之席",他的一生大概也主要是在长芦度过的。宋哲宗元祐四年(1089),宗赜曾于长芦结莲华净土念佛社,依庐山白莲社之规,普劝僧俗,同修念佛,要求与会者"日念阿弥陀佛,自百声至千声,千声至万声,回向发愿,期生净土。各于日下,以十字计之,以办功课"①。宗赜的念佛社,在当时的真州一带是相当有名的。此外,宗赜还主持过真定府洪济禅院。其《禅苑清规》就是在住持此寺时修订的。

除了《禅苑清规》之外,宗赜的著作还有《莲华胜会录文》、《观无量寿经序》、《念佛回向发愿文》、《念佛防退方便文》、《坐禅仪》、《劝孝文》等,此外还作有劝人念佛的诗作多首。另据《庐山莲宗宝鉴》,宗赜还作有《苇江集》行世,觉岸撰集《释氏稽古略》时曾引用此书,其内容可能是宗赜一生的各种著作的汇集。

(二)宗赜的思想

(1)唯心净土与念佛净土

宗赜得法于禅宗,是云门禅的正式传人,但宗赜本人的真正思想并不属于禅宗,他提倡的实际上主要是净土的念佛,其

---

① 优昙《庐山莲宗宝鉴》卷四。

念佛思想虽与禅宗精神有所交涉，但距禅宗的本来面目已有很大差别。

净土信仰是中国佛教传统的信仰形式之一，其历史可以一直上溯到东晋的慧远，甚至更早。其后东魏的昙鸾、隋唐之际的道绰、唐代的善导、少康、慧日、承远、法照等，都是净土的有力提倡者。到了宋代，净土信仰出现了新的发展趋势。通过提倡"禅净一致"、"台净合一"，净土信仰迅速渗透到禅宗、天台等其它宗派之内。除了理论的渗透，以念佛为主的净土结社纷纷创立，如省常在西湖昭庆寺建立了净行社，遵式在四明宝云寺建立了念佛会，知礼于明州延庆寺设立念佛施戒会，本如在东掖山能仁精舍创立了白莲社，都是宋代著名的净土结社。这些净土社团的成立，将净土信仰传播到了社会的各个阶层，有力地促进了净土信仰的发展。

宗赜作为禅宗的传人，受到了禅净合一思潮的很大影响，是净土信仰的提倡者。据宗晓《乐邦文类》卷二，常山比丘琼安刻印《观无量寿经》时，宗赜曾为之作序。其文曰：

夫正遍知海，从心想生；诸佛世界，随心净土。然则弥陀至圣，不隔下凡；极乐虽遥，岂离方寸？所以念佛而即得见佛，求生而遂能往生。

他认为，一切正确知识都来自源于"心想"，一切诸佛世界则来源于心净，心是一切善恶染净的根源。因此西方极乐与此土娑婆世界没有多大的隔阂，极乐世界只在众生的方寸之间。惟其如此，众生念佛即能见佛，求生即能往生。从宗赜的文字中可以清楚看到他是醉心于念佛的，而其思想的核心则是中国佛教长期以来的"唯心净土"思想的延续。他以"心"为基础,将极乐世界与念佛实践直接沟通,认为众生诚心念佛即可往生,从而鼓励人们念佛往生。宗赜此篇序文很短,其中所表明的纯粹是"唯心净土"的念佛思想,看不出与禅宗精神有什么理论上的联系。但在其另一篇《莲华胜会录文》中,他与禅宗思想的关系还是多少表现了出来。

宋哲宗元祐四年(1089),宗赜依庐山白莲社之规,在长芦组织了莲华净土念佛社。在组织念佛社时,他写下了《莲华胜会录文》,更能完整地表现他的佛学思想。其文曰:

> 夫以念为念、以生为生者,常见之所失也。以无念为无念、以无生为无生者,邪见之所惑也。念而无念、生而无生者,第一义谛也。是以实际理地,不受一尘,则上无诸佛之可念,下无净土之可生,佛事门中不舍一法,则总摄诸根。盖有念佛三昧,还原要术,示开往生一门,所以终日念佛,而不乖于无念;炽然往生,而不乖于无生。故能凡圣各住自位,而感应道交;东西不相往来,而神迁净刹。此不可得而致诘也。故经云:"若人闻说阿弥陀佛,执持名号,乃至是人终时,心不颠倒,即得往生阿弥陀佛极乐国土。"夫如来世尊,虽分析摄二门,现居净秽两土。然本圣之意,岂直以娑婆国土丘陵坑坎五趣杂居,土石诸山秽恶充满,以是为可厌;极乐世界黄金为地,行树参空,楼茸七珍,花①敷四色,以是为可忻?盖以初心入

---

① "花",原作"华",据文意改。

道，忍力未淳，须托净缘，以为增上。何则？娑婆国土，释迦已来，弥勒未生，极乐世界，阿弥陀佛现在说法。娑婆国土，观音势至，徒仰嘉名；极乐世界，彼二上人，亲为胜友。娑婆国土，诸魔竞作，恼乱行人；极乐世界，大光明中，决无魔事。娑婆国土，邪声杂乱，女色妖淫；极乐世界，水鸟树林，咸宣妙法，正报清净，实无女人。然则修行缘具，无若西方，浅信之人，横生疑谤。

窃尝论之：此方之人，无不厌俗舍之喧烦，慕兰若之寂静，故有舍家出家，则殷勤赞叹。而娑婆众苦，何止俗舍之喧烦；极乐优游，岂直兰若之寂静？知出家为美，而不愿往生，其惑一也。万里辛勤，远求知识者，盖以发明大事，决择死生。而弥陀世尊，色心业盛，愿力洪深，一演圆音，无不明契。愿参知识而不欲见佛，其惑二也。丛林广众，皆乐栖迟；少众道场，不欲依附。而极乐世界，一生补处，其数甚多；诸上善人，俱会一处。既欲亲近丛林，而不慕清净海众，其惑三也。此方之人，上寿不过百岁，而童痴老耋，疾病相仍，昏沉睡眠，常居太半。菩萨犹昏隔阴，声闻尚昧出胎，则尺璧寸阴，十丧其九，而未登不退，可谓寒心。西方之人，寿命无量，一托莲苞，更无死苦，相续无间，直至菩提，所以便获阿惟越致，佛阶决定可期。流转娑婆促景，而迷于净土长年，其惑四也。若乃位居不退，果证无生，在欲无欲，居尘不尘，方能兴无缘慈，运同体悲，回入尘劳，和光五浊。其有浅闻单慧，或与少善相应，便谓永出四流，高超十地，诋呵净土，耽恋娑婆，掩目空归，宛然流浪，并肩牛马，接武泥犁，不知自是何人，拟比大权菩萨，其惑五也。故经曰：应当发愿，往生彼国。则不信诸佛诚言，不愿往生净土，岂不甚迷哉！

若夫信佛言而生净土，则累系之所不能拘，劫波之所不能害，谢人间之八苦，无天上之五衰，尚无恶道之名，何况有实？唯显一乘之法，决定无三，归依一体三宝，事奉十方如来。佛光照体，万惑潜消；法味资神，六通具足。三十七品助道法，应念圆成；三十二应随类身，遍尘刹土。周旋五趣，普被诸根；不动一心，遍行三昧。洒定水于三千，引众生于火宅；自利利他，皆悉圆满。然则唯心净土，自性弥陀，盖解脱之要门，乃修行之捷径。是以了义大乘，无不指归净土；前贤后圣，自他皆愿往生。凡以欲得度人，先须自度故也。呜呼！人无远虑，必有近忧，一失人身，万劫深悔。故率大海众，各念阿弥陀佛，百声千声，乃至万声，回向同缘，愿生彼国。窃冀莲池胜会，金地法明，绮互相资，必谐斯愿。操舟顺水，更加橹棹之功，则十分之遥，可不劳而至也。①

通过这篇《录文》，我们可以将宗赜的思想归结为以下两点。首先是无念为念，无生为生的"唯心净土"说。在这一点上，宗赜的精神与禅宗的传统是有一致之处的。受般若思想的影响，禅宗自慧能开始，对"无念"的概念历来极为重视。

---

① 宗晓《乐邦文类》卷二。

宗赜突出强调"无念",一方面用以表明其"唯心净土"思想,另一方面表明他确实是想将自己的念佛思想与禅宗的精神统一起来。当然,宗赜的"无念"与慧能的"无念"实际上是两个完全不同的概念。慧能的"念"指的是人的意识的活动,而宗赜的"念"则具体得多,指的就是"念佛"。但宗赜提出"无念为念"的主张,则多少将其思想与禅宗精神统一起来。尤其是,他将"无念为念、无生为生"看作是第一义谛,认为"实际理地不受一尘",因而"上无诸佛可念,下无净土可生",将念佛往生归之于心,解释为"唯心净土,自性弥陀",说明了他的思想深处多少还是有着禅宗的思想精神。其次,宗赜的《录文》在主张"唯心净土"的同时,又有把净土看作是客观实在的倾向。宗赜实际上具有强烈的厌世思想,他在《录文》中运用大量篇幅,不厌其烦地描述西方世界的美好,娑婆世界的不堪,提出"修行缘具,无若西方",又认为"信佛言而生净土,则累系之所不能拘,劫波之所不能害,谢人间之八苦,无天上之五衰",终至率众念佛,愿生彼国,实际上是把净土看作是客观实在加以追求的。就这一点来说,他的思想与禅宗精神之间已经相当遥远了。

宋代的净土信仰大致可以分为"念佛净土"与"唯心净土"两种。"唯心净土"只将"净土"当作一种"理"来看待,实际上是否认净土存在的。宗赜的师祖天衣义怀曾作《劝修净土说》,以禅僧的身分教人修习净土,所提倡的即是这种"唯心净土"说。另一种"念佛净土"则认为,诵持念佛必能使人超脱轮回,往生净土,实际上是将净土当作客观实在来看待的。从宗赜的文字中可以看出，他的净土念佛理论，在很大程度上还处于蒙昧状态，一直在"唯心净土"与"念佛净土"两种理论之间犹豫徘徊而更倾向于"念佛净土"。诚如忽滑谷快天所说，宗赜"心醉念佛，称唯心净土自性弥陀，同时欣求客观净土，陷于自语相违，自欺而不自觉"①。宗赜思想中的矛盾浅薄之处，客观反映了宋代佛教义学衰落之后中国佛教实际的思想状况。同时，他身为禅宗传人而鼓吹念佛，则是与当时中国佛教禅净合一的实际情况相一致的。

宗赜还作有《念佛回向发愿文》、《念佛防退方便文》以及歌颂净土的诗作十数首，一方面称赞净土的庄严美丽，另一方面叹息娑婆世界的污浊不堪，鼓励人们念佛往生，与上述文章一样，反映出他的净土思想中侧重"念佛净土"的一面。

（2）禅净关系

宗赜作为净土的大力提倡者，另一方面同时也是禅宗的直接传人，其思想深处就不能不受禅宗的影响。这是非常容易理解的。但对宗赜本人来说，他既为禅宗的传人，却改换门庭，炽劝净业，就不能不回答有关禅净关系的问题。宗赜认为，禅与净实际上是一致的，没有本质的区别。

《净土简要录》引宗赜之言曰：

念佛不碍参禅，参禅不碍念佛。法虽二门，理同一致。上智之人，凡所运为，不著二谛。下智之人，各立一

---

① 忽滑谷快天《中国禅学思想史》，朱谦之译，上海古籍出版社，1994年，536页。

边，故不和合，多起纷争。故参禅人破念佛，念佛人破参禅，皆因执实谤权，执权谤实。二皆道果未成，地狱先辨（办）。须知根器深浅，各得所宜，譬如营田人岂能开为库，开库人安可营田？若教营田人开库，如跛足者登山；若教开库人营田，似压良人为贱，终无所合也。不若营田者且自营田，开库者且自开库，各随所好，皆得如心。是故念佛参禅各求宗旨，溪山虽异，云月是同，可谓处处绿杨堪系马，家家门户透长安。

宗赜在此认为，念佛与参禅不过是修行方法的不同而已，其宗旨完全相同，所求的都是佛教的理，只因众生根器不同，爱好有异，因此选择了不同的修行方式。他以"营田人"与"开库人"为喻，进一步解释二者之间的关系认为，"营田人"固不可以"开库"，"开库人"亦不可以"营田"，只有让"营田人"营田，"开库人"开库，才能各得所宜，各得其心。同样，念佛与参禅的区别并不是真与伪、是与非、权与实的根本区别，只不过是方法不同罢了，故念佛者与参禅者不可互相攻击，而是应该互相理解，互相尊重。

宗赜对禅净关系的看法，并不仅仅局限于理论的说明，同时也贯彻到了他的生活实践之中。他本人就是如此，既念佛，也参禅，既为禅宗的传人，也是念佛的有力提倡者。他的文章同样保持了这种精神。他写的文章，很多是用来宣扬念佛的，同时他还写下了对坐禅方法进行说明的《坐禅仪》，以为"超凡越圣，必假静缘；坐脱立亡，须凭定力"，并收入其《禅苑清规》之中。宗赜对待念佛与参禅二者关系的看法，充分反映了宋代佛教禅净合一的发展特征,是与当时佛教的发展趋势相一致的。

(3) 孝道思想

毫无疑问,孝在宗赜的思想中占有极为重要地位。宗赜天性即孝,他本人也是一个出色的孝子。据说他在主持长芦时,曾于方丈室侧别立小屋,孝养其母。中国佛教虽然一直尊重儒家孝的观念,但像宗赜这样接母于寺院孝养的作法,在中国佛教史上还是很少见的,由此反映出宗赜对孝的观念的高度重视。

宗赜不惟自己体行孝道,他还不断著文,鼓励别人也要孝养双亲。他对孝的理解也与别人不同,带有明显的佛教特色。在他看来,真正的孝不仅仅是一般意义上的孝养父母,还应该包括引导父母积极行善,念佛往生。据《龙舒增广净土文》卷六,宗赜作有"《孝友文》百二十篇,前百篇言奉养甘旨,为世间之孝;后二十篇言劝父母修净土,为出世间之孝。盖世间之孝,一世而止,犹为孝之小者;出世间之孝,无时而尽,以父母生净土,福寿不止,如恒河沙劫,此莫大孝也。父母存而不能以此劝勉,他日徒伤其心,徒为厚礼,亦何益乎?若又能转以化人,使更相劝化,以此功德,资父母之福寿,厚父母之善报,佛不阻众生之愿,此意必可遂矣。上品上生者,先言孝养父母,吾能摧是心以为孝养,其往生品第可见矣"。他从佛教的立场出发,认为世间意义上的"奉养甘旨"之孝,有时而止,随父母的去世而消失,故只是小孝。而劝父母修净土,可使父母往生极乐,福寿无穷,才是无穷无尽的大孝,是真正意义上的孝养父母。他还进一步认为，体行大孝，劝父母修净土念佛者，必能上品上生，到了极乐世界也能获得最高的品位。可以看出，宗赜的目的明显是要把念佛与孝道结合起来，告诫人们念佛时不要忘行孝，行孝时不要忘了念佛。他的这种想法，实际上是与宋代之后中国佛教三教合一的发展趋势相一致的。

《乐邦遗稿》卷下引有宗赜的《劝孝文》一篇，其中说："父母信知念佛，莲华种植时也。一心念佛，莲华出水时也。念佛功成，华开见佛时也。孝子察其往生时至，预以父母平生众善聚为一疏，时时读之，令生欢喜。又谓父母坐卧向西，不忘净土，设弥陀像，然（燃）香鸣磬，念佛不绝。舍报之时，更须用意，无以哀哭失其正念。父母得生净土受诸快乐，岂不嘉哉？平生孝养，正在此时，寄语孝子顺孙，无忘此事！"文中对父母往生之际孝子所应采取的态度和作法进行了具体说明。

总之，宗赜的孝道思想实际上是与念佛思想紧密联系在一起的。对他来说，修行念佛就必须孝养父母，孝养父母的最好办法就是劝父母念佛，以使父母往生西方世界。从中可以看出，宗赜对念佛与孝道的同等重视。

三、《禅苑清规》的主要内容

如上所说，禅宗丛林清规始创于百丈怀海，清规著作则始于百丈怀海的《禅门规式》，然而，由于各种原因，百丈的《禅门规式》现已不存，现存最古老的清规著作当推宗赜的

《禅苑清规》。因此，对于研究禅宗及其清规制度的演变发展来讲，《禅苑清规》一书无疑就成为至为重要的参考文献。

《禅苑清规》一书共分 10 卷，每卷下列若干主题，对禅宗僧人日常的生活起居、法事活动中所应遵守的清规制度，禅宗寺院僧职人员的安排设立及其职责，分门别类地进行了说明。据宗赜自述，此书是他"佥谋开士，遍摭诸方"的产物，是在汇集前代有益的清规制度的基础上完成的，在很大程度上带有制度汇编的性质。在汇编过程中，宗赜"凡有补于见闻，悉备陈于纲目"，内容相当丰富，所涉及的清规制度也比较广泛，成为后来清规制度类著作的基础，具有极为重要的历史价值。然而，也正是由于汇编的性质，造成此书缺乏统一的编排体例，结构松散，成为本书的一大遗憾。为了使读者更加清楚地理解此书，现将其主要内容叙述如下：

（一）出家受戒的规定

僧人正式出家受戒之前，要准备一些日常必需用品。据卷一"办道具"一节，这些物品主要有挂杖、戒刀、祠部筒、钵盂、鞋袜、巾被布单、净瓶、浴裙、柜锁等，皆以"随家丰俭为宜"。出家之后，未披剃之前，名为童行。

据卷九"戒沙弥"一节所述，童行出家，应填写出家状式。状式中须明确填写姓名、年龄、籍贯、出家寺院、本师名号等项。其中有两条规定尤其值得注意，一条是"有父母即云父母送到出家"，表明当时童行出家必须获得父母同意。另一条与度牒有关，其中说"今买到某处某字号空名度牒一道，欲乞书填为僧"，并说"如客处买到，即称买到客人某甲名下"。此条规定说明，宋代的度牒制度相当严格，有许多具体的限制。一是数量的限制，僧人名下的空名度牒是有限额的，不能随意度僧。二是空名度牒的形式，上面不但印有地域名，还有具体的编号，以防伪造。更重要的是，度牒是由政府直接管理的，发放形式主要是鬻卖，由寺院向地方政府购买。鬻牒因而成为宋代一项辅助的财政措施。由于空牒名额有限，童行出家有时会因名额不够出现困难。这种情况下，就可以到其它州县购买度牒，但上面亦须写明此度牒属于某处某僧名下。这种鬻买措施，使得宋廷在限制全国僧尼人数的同时，也弥补了财政收入的不足。

童行入院之后，行为举止应随时检点，不可违犯寺院规制。其所守戒缚主要是五戒，同时亦有其它方面许多规定。卷九有"训童行"一节，可能是宗赜亲自撰写的。内分立身、陪众、作务三章，要求童行沙弥严守戒律，敬待僧众，勤于作务，对童行沙弥的行为举止事无巨细地提出了要求。

童行年届受戒，有正式的受戒仪式。据卷一"受戒"一节，沙弥受戒前应准备好"三衣钵具"，"新净衣物"，不能借用他人之物。受戒仪式除沙弥、本师、大众外，还要从大众中选取戒师一人、引请阇黎一人，作梵阇梨一人。戒师负责剃发，引请阇梨负责引领，作梵阇梨负责念诵。先于剃度前夜由戒师为沙弥剃头，仅留头顶方寸少许。翌日在僧堂或法堂安排，经过一系列念诵活动，最后由本师剃去所剩顶发，为沙弥说剃发偈，先授五戒，再授十戒，续作念诵、庆赞活动，授戒仪式方告完成。详细过程可参考卷九"沙弥受戒文"一节。

又据"沙弥受戒文"所说,"先受三归五戒,方得近事大僧;次受沙弥十戒,乃可同僧利养"。这说明,沙弥受了十戒之后才算是正式出家,才与其他僧众一样共同享有接受供养的权利。此外,卷一还有"护戒"一节,叙述沙弥受十戒之后,还宜广泛读诵《四分律》、《梵网经》等,"善知持犯开遮",精进护持。

《禅苑清规》关于出家受戒规定,很大程度上是宗赜从佛教传统的出家受戒规定中继承过来的,同时也具有鲜明的时代特点。它对当时的度牒以及度牒发放的记述与说明,从一个侧面反映出宋代佛教与政治之间的关系;而沙弥受戒仪式中不继出现的念诵活动,也从一个侧面反映了宋代佛教禅净一致的思想潮流。这是我们不能忽视的重要问题。

(二)关于日常生活的规定与要求

关于僧人的日常起居,《禅苑清规》涉及的内容比较多,且多掺和于全书各节之中。但有些章节也进行了专门说明,如卷一的"赴粥饭"、"赴茶汤",卷六之"出入"、"警众",卷七之"大小便利",卷八之"龟镜文"等。其中,"警众"一节对寺院僧众的日常活动作了比较详细的记述。按其说法,寺院僧人应于五更开静起床,开静后一天的生活,通常情况下包括二时粥斋、早参、午茶、普请作务、淋浴、晚参、迎接、送亡、念诵,等等。其中,迎接指的是迎接官员尊宿等,送亡指为亡僧送葬,不可能每天都有的。早参、淋浴也经常是隔几日进行一次。专门的念诵则仅在每月三、八日进行。也就是说,按《禅苑清规》的规定,僧众日常活动最少时,每天仅包括二时粥斋、午后茶汤、普请作务及晚参几项,是相当简单的。但另一方面,《禅苑清规》对僧众在这些活动中的礼制要求也十分严格。如卷六中的"出入"一节,对于僧众出入寺院作出了要求。其中说,僧众集体出寺时,"时至鸣钟,三门下齐集,住持人行,次首座,次书状、藏主、知事、浴主、名德勤旧,并依戒腊,次第而行。直岁、典座、维那、监院在大众后,庠序相随,无致差乱。不得左右顾眄,语言献笑,高声课诵,垂手掉臂",对僧人行路的威仪作出了严格要求。

卷一的"赴粥饭"、"赴茶汤"两节,则对僧人粥饭茶汤时的行为举止、动作威仪作了详细的说明,一举一动,皆有定规,几乎到了无以复加的程度。尤其是午后茶汤,在宗赜生活时代的寺院中是相当重要的一项活动,是僧人之间交流思想、联络感情的重要场合。《禅苑清规》对这一日常活动作了特别系统的说明。如卷五的"堂头煎点"、"僧堂内煎点"、"知事头首煎点"、"入寮腊次煎点"、"众中特为煎点"、"众中特为尊长煎点"以及卷六之"法眷及入室弟子特为堂头煎点"、"通众煎点烧香法"、"置食特为"、"谢茶"等节,对午后点茶的不同情况分门别类地作了极为细致的说明。

卷七的"大小便利"一节,则对僧人如厕的方法作了极为详细的规定。除了每日的一般生活,佛教还有一个重要的活动是季节性的坐夏。《禅苑清规》卷二设有"结夏"、"解夏"二节,对坐夏开始与结束时所做的仪式活动做了细致说明。

除了以上这些专门论及僧众具体行为方式的诸节之外,《禅苑清规》的其他诸节,也都或多或少地论及了僧众在有关活动中的行为方式与行为准则。从这些规定中可以看出，《禅苑清规》的制作，目的确实是要制定出一套适于禅宗寺院的丛林规范，从而将禅宗寺院全面纳入到有礼仪可循、有制度可依的生活中来，以结束禅宗寺院戒律松弛的一贯倾向。

除了具体的规定以外，宗赜还专门作有《龟镜文》一篇，收入《禅苑清规》第八卷中，文中从僧职人员与普通僧众的关系出发，对双方提出了原则性的行为要求。对于普通僧众，《龟镜文》中记述到："晨参暮请，不舍寸阴，所以报长老也；尊卑有序，举止安详，所以报首座也；外遵法令，内守规绳，所以报监院也；六和共聚，水乳相参，所以报维那也；为成道故，方受此食，所以报典座也；安处僧房，护惜什物，所以报直岁也；常住之物，一毫无犯，所以报库头也；手不把笔，如救头燃，所以报书状也；明窗净案，古教照心，所以报藏主也；韬光晦迹，不事追陪，所以报知客也；居必有常，请必先到，所以报侍者也；一瓶一钵，处众如山，所以报寮主也；宁心病苦，粥药随宜，所以报堂主也；轻徐静默，不昧水因，所以报浴主、水头也；缄言拱手，退己让人，所以报炭头、炉头也；忖己德行，全缺应供，所以报街坊、化主也；计功多少，量彼来处，所以报园头、磨头、庄主也；酌水运筹，知惭识愧，所以报净头也；宽而易从，简而易事，所以报净人也……如其僧众轻师慢法，取性随缘，非所以报长老也；坐卧参差，去就乘角，非所以报首座也；意轻王法，不顾丛林，非所以报监院也；上下不和，斗诤坚固，非所以报维那也；贪婪美膳，毁訾粗餐，非所以报典座也；居处受用，不思后人，非所以报直岁也；多贪利养，不恤常住，非所以报库头也；事持笔砚，驰骋文章，非所以报书状也；慢易金文，看寻外典，非所以报藏主也；追陪俗士，交结贵人，非所以报知客也；遗亡召请，久坐僧众，非所以报侍者也；以己妨人，慢藏诲盗，非所以报寮主也；多嗔少喜，不顺病缘，非所以报堂主也；桶杓作声，用水无节，非所以报浴主、水头也；身利温暖，有妨众人，非所以报炉头、炭头也；不念修行，安然受供，非所以报街坊、化主也；饱食终日，无所用心，非所以报园头、磨头、庄主也；涕唾墙壁，狼藉东司，非所以报净头也；专尚威严，宿无善教，非所以报净人也。"

以上从僧众与僧职人员的关系出发对僧众提出了原则性要求，实际上涉及了寺院生活的方方面面。从这里我们可以看出，僧众的日常生活有如下一些基本原则，比如僧众应该"晨参暮请，不舍寸阴"、"居必有常，请必先到"，不可"遗亡召请，久坐僧众"。应该举止得体，"尊卑有序，举止安详"，不可"坐卧参差，去就乖角"。应该"外遵法令，内守规绳"，不可"意轻王法，不顾丛林"。应该和合相处，"六和共聚，水乳相参"，不可"上下不和，斗诤坚固"。应该节惜财物，"安处僧房，护惜什物"，不可"居处受用，不思后人"。应该"常住之物，一毫无犯"，不可"多贪利养，不恤常住"；应该"不昧水因"，不可"用水无节"。应该"一瓶一钵，处众如山"，不可"以己妨人，慢藏诲盗"。应该"手不把笔，如救头燃"，不与俗士结交，不可"事持笔砚，驰骋文章"。应该"韬光晦迹，不事追陪"，不可"追陪俗士，交结贵人"。应该敬重经典,"明窗净案,古教照心",不可"慢易金文,看寻外典"。应该保持卫生,"酌水运筹,知惭识愧",不可"涕唾墙壁,狼藉东司"。应该专心行道,不可"不念修行,安然受供","饱食终日,无所用心"。如此等等,全面涉及了寺院生活的各个方面,表明了宗赜完善禅宗寺院戒律制度的决心。

对僧众的日常生活,《禅苑清规》既提出了原则性的要求,对其行住坐卧、饮食起居也作了相当细致的规定,应该说是相当全面的。后世有人将佛教的清规制度与儒家的礼经相比,足见其对维护禅宗正常生活秩序的重要性。

禅宗虽然标榜"挑水担柴,皆是行道",但其本意并不是要取消参禅求道活动,而是相反,是要求僧众把日常生活也纳入、转化为参禅求道生活。这一点,在宗赜的《禅苑清规》中也表现得相当明显。

例如,云游行脚是禅宗僧人重要的修行方式之一。《禅苑清规》卷一的"装包"、"旦过"、"挂搭"等节,对行脚僧云游之际所应携带的物件、装包的方式、挂搭的方法等,都作了详细的说明。而卷一的"请因缘"、"入室",卷二的"上堂"、"小参"等节,则对僧众向师僧长者求法时所应遵循的礼仪进行了说明。卷八之"坐禅仪"则说明了坐禅的重要意义,鼓励僧人积极进行坐禅实践。

总之,《禅苑清规》一书就是要将禅宗僧人的日常生活和一切修行活动都纳入到"礼制"的范围之中,以使一切有礼可循,有制可依,实现寺院的和平,结束禅寺缺乏律制的状况。

(三) 僧职的确立

我们知道，禅宗清规制度的确定，主要目的就是要将禅寺纳入"律"和"礼"的规范化生活中来。要实现寺院生活的规范化，建立僧职制度以加强对全寺僧众的日常管理，就是一项重要举措。《禅苑清规》的一项重要内容，就是对僧职人员及其守责进行说明。

据杨亿《百丈清规序》，自百丈开始，禅宗寺院就已初步建立了僧职制度。百丈"制十务寮舍，每用首领一人，管多人营事，令各司其局也"。对于百丈所设立十务具体为何，杨亿没有明确说明。而随着禅宗日后的发展，禅宗寺院的扩大以及僧人的增多，后来的寺院大都超出了百丈最初设立的"十务"，增添了一些新的僧职职务。但其重要者，仍以百丈最初设立的"十务"为主。《禅苑清规》设立的僧职，主要者仍为十个，是从《百丈清规》的十务直接承继而来的。"十务"为：

1. 监院，职责是"总领院门诸事"，凡寺院内外一切活动均应过问，是住持（堂头、方丈）以下的最高权威。

2. 维那，"梵语维那，此云悦众，出僧中事并主之"。其职责是管理僧众日常生活，使僧众衣食无缺，和合安宁。

3. 典座，"典座之职，主大众斋粥"，是僧厨的主要负责人。

4. 直岁，"直岁之职，凡院中作务并主之"，掌管寺院的生产与修造活动。

以上四职，总称"知事"，为四知事。知事任职一年，"执事一年外，夜间入方丈告退"。当然可以连任。

5. 首座，"首座之职，表仪众僧，举正非法"，主要任务是检查众僧不如法事，予以指正。

6. 书状，"书状之职，主执山门书疏"，负责寺院与外界的书信往来。

7. 藏主，"掌握金文"，负责寺院藏经文书。

8. 知客，负责接待来访的官员、檀越、云游僧人等。

9. 库头，"库头之职，主执常住钱谷，出入岁计之事"，是寺院的仓库主管。

10. 浴主，负责僧众洗浴。

以上六职，总称"头首"，为六头首。四知事、六头首，总计十个职务，应该就是百丈最初设立的"十务"，由宗赜在《禅苑清规》直接继承下来。

除十务外，《禅苑清规》还设有下列一些职务，职责范围比十务小些。

11. 化主，由檀越出任，一般由方丈或知事、头首出榜召请。主要职责一是替寺院出面化缘，二是代替寺院出外采买。实际上是寺院与社会的主要联络人。

12. 街坊，细分为粥街坊、米麦街坊、菜街坊、酱街坊等，一般由檀越弟子担任。职责是替寺院索取所化之物，以供僧众日常生计。

13. 水头，也由檀越出任，为寺院运水烧汤。

14. 炭头，由檀越出任，掌管寺院柴炭。

15. 炉头，由僧人担任，职责是相度寒暖，适时装炭，供僧众取暖。

16. 华严头，由檀越出任，为寺院书写供养《华严经》，劝化信施。

17. 般若头，由檀越出任，书写供养《般若经》，劝化信施。

18. 经头，由檀越出任，负责修补藏经，劝化信施。

19. 弥陀头，由檀越出任，为供养弥陀佛进行劝化。

20. 磨头，负责磨面。

21. 园头，负责菜园。

22. 庄主，主执农耕。

23. 廨院主，廨院是禅林食物管理之处，廨院主掌管其事。

24. 延寿堂主，掌管供养、疗治病僧。

25. 净头，负责打扫净厕。

26. 此外有负责寺院殿堂卫生的殿主、阁主、塔主、罗汉堂主、水院堂主、真堂主等，负责打扫殿堂，列正供具。

27. 钟头，负责打扫钟堂楼，定时鸣钟。

以上职务基本上是定职，有的由堂头延请，有的由维那延请，任期相对来说是固定的。除上述定职之外，《禅苑清规》还设立了一些散职，最主要的散职是寮主、寮首座。《禅苑清规》卷四说"寮主依入寮先后轮请，或当一月，或当半月，或十日，各逐所在。主看守众僧衣钵，本寮什物"。可以看出，寮主、寮首座的确立实际上是要建立轮流值日制度，以保证寺院和僧众财产的安全。此外，《禅苑清规》还为方丈、知事、头首等大僧安置了侍者，侍者的主要任务，一是照看大僧的生活起居，动用什物，另外则是代替主人发布消息，起着在寺院内部加强联络的重要作用。

对于上述僧职具体的责任与义务，《禅苑清规》也作了具体的说明。其目的亦如前文所说，无非是要将整个寺院纳入正常有序的生活节奏中去。此外，对于寺院的最高首领住持，《禅苑清规》对其责任义务也作了详细的规定。如卷七之"请尊宿"、"尊宿受疏"、"尊宿入院"、"尊宿住持"、"尊宿迁化"、"退院"诸节，实际上就是专门针对住持提出的。

以上是《禅苑清规》一书的主要内容，从这些内容我们可以看出，宗赜创制此书，是与《百丈清规》一脉相承的。杨亿述《百丈清规》之制有四益：其一，不污清众；其二，不毁僧形；其三，不扰公门；其四，不泄于外。实际上，杨亿所说的四益完全可以用到宗赜的《禅苑清规》之上。它们的最终目的只有一个：就是完善寺院的制度规范，消除一切可能的矛盾纷争，建立寺院正常有序、和平安静的生活秩序，以使僧众将主要精力投入到宗教修行生活中去。不管宗赜对佛教理论认识水平的高低，单就其编制《禅苑清规》，完善禅宗寺院制度来说，他的见识是相当深刻的，他的《禅苑清规》也是成功的。正是这部书，作为中国现存最为古老的禅宗清规著作，上承百丈规式，下启宗寿等人的诸家清规，对中国禅宗以及中国佛教寺院制度的发展起到了重大的影响。

四、《禅苑清规》的历史价值

毋庸置疑,就中国佛教寺院制度的发展来说,《禅苑清规》一书实具有重大的历史价值。我们知道,禅宗清规制度的创制,始自百丈怀海。当时恰值唐朝中期,中国佛教仍呈现为诸家竞秀之势,各宗各派,群芳争艳;硕学名德,代不乏人。禅宗虽发轫于隋末唐初,至百丈之时已经百有余年,但作为中国文化的特产,尤其是自民间自发形成的佛教派别,禅宗在政治经济上尚不如天台、华严诸家那样,可以得到朝廷的有力支持,禅宗仍依附于其他派别的寺院之中,苟且偷生。尤其是,由于禅宗产生时期的特殊性,禅宗寺院一度因缺乏律制而受到其他派别的批评与抨击。在这种情况下百丈挺身而出,一面着手创建禅寺等院,一面制定清规,完善禅寺规章制度,使禅宗从其他佛教派别中彻底独立出来,为禅宗的发展打下了坚实的基础。

《百丈清规》,作为禅宗第一部清规著作,对中国佛教的发展无疑起了重要作用,尤其是唐武宗灭佛之后,其他佛教派别遭到灭顶之灾,禅宗由于根在民间,不仅在武宗灭佛之际未受重创,反而借此契机,在其他派别重创式微之后,自宋代开始发展成为君临全国的最大派别。在此过程中,《百丈清规》也就发展成为中国佛教最为通行的清规著作,流行于全国的主要寺庙之中。但与此同时,由于百丈时禅宗寺院规模的限制,《百丈清规》中的许多规制,尤其是寺院僧职人员的制定方面,已逐渐不适合于禅宗寺院的发展。加以社会环境的不断变化,《百丈清规》推行到全国时,不同的寺院也经常对《百丈清规》的条制作出相应的修改,以适应自身发展的要求。这一趋势实际上一直延续下来。到了宗赜时,他认识到了这个问题,并在《禅苑清规序》中明确指出:"少林消息,已是剜肉成疮;百丈规绳,可谓新条特地。而况丛林蔓衍,转见不堪;加之法令滋彰,事更多矣。"在此,宗赜指出《百丈清规》一方面由于禅宗丛林的蔓衍发展出现了许多与寺院生活不相适应的地方,另一方面由于政府法令越来越多,也不能完全用于处理寺院与社会之间越来越复杂的各种关系。有鉴于此,宗赜从当时禅宗寺院及社会发展的需要出发,力图修撰一部可以通行禅宗各寺的清规著作,以指导寺院和僧众的生活实践。从宗赜的序文来看,他是见过《百丈清规》的,而且见过的可能不止一种。他在《百丈清规》的基础上,"佥谋开士,遍摭诸方,凡有补于见闻,悉备陈于纲目",创建了十卷本的《禅苑清规》。此十卷本的《禅苑清规》,有些内容应该是从《百丈清规》中移录过来的,还有一些内容是从其他地方得来的,也有一些则是他自己创作的文章。比如僧职之中的"十务",有杨亿《百丈清规序》为证,明显是抄录《百丈清规》而来,文字可能有所改动。僧职中的其他职务,则应该是"佥谋开士,遍摭诣方"的结果,是从各地禅宗寺院的经验中得来的。而卷八中的《龟镜文》、《坐禅仪》,有其他文献作证,可以明确地认定是宗赜的作品。其他如《自警文》、《劝檀信》、《斋僧仪》、《百丈规绳颂》以及后附的《新添滤水法》等,也可能是宗赜亲手写成的。这些对研究百丈和宗赜本人,都具有重大的史料价值。

宗赜的目的是要修撰一部通行全国的禅宗丛林清规，他的这一初衷应该说在一定程度上是实现了。《禅苑清规》最初刊行于崇宁二年（1103），嘉泰二年（1202）曾进行过重雕，主持重雕的虞八宣教有曰："昨刊此集，盛行于世，惜其字画磨灭，今再写作大字，刻梓以传"。可见，《禅苑清规》一书在出版后的一百余年时期内是比较流行的，影响也应当很大。尤其是，《禅苑清规》刊行之后的百余年时间内，禅宗清规类著作各地通行的可能只此一部，至少，我们迄今还尚未发现其他全国流行的清规著作存在的证据。这也从侧面反映出，宗赜的《禅苑清规》基本上满足了当时禅宗寺院的一般要求，从而使其他禅宗清规著作失去了编修的时代需要。从这点也可以看出，宗赜的《禅苑清规》在中国佛教史上占有重要地位。

然而，《禅苑清规》的历史价值，并不仅仅局限于此，它的价值还表现在对后代各种禅宗清规著作的影响上。

据现存资料，《禅苑清规》之后，现存最早的禅宗清规著作，当为宋无量寿（宗寿）的《日用小清规》，或曰《入众日用》。此书刊行于嘉定二年（1209），也就是宗赜的《禅苑清规》重刊之后不久。据宗寿书后所记，"如前所集，一日事件，众中威仪，非敢闻于老成，聊以诱于初学。升堂、入室、小参、讽经、念诵、巡寮、解结、人事、装包、顶笠、送亡、唱衣，应系微细规则，清规既已具载，尊宿各有明文。不再备陈，徒为赘语"。从无量寿的记述可以看出，其《入众日用》实际上是总括禅寺一天生活所需轨则而制，内容主要包括有

"入众之法"、"展钵之法"、"吃食之法"以及日常生活的具体细节，从其文字可以看出此书明显受到了《禅苑清规》的影响，实际上即是缩取《禅苑清规》的有关章节而来的，有些段落则与《禅苑清规》完全一致。除宗寿的《入众日用》而外，另有一部名为《入众须知》的清规著作，作者不详。此书起始的部分直接照用了宗寿的《入众日用》，然后分节就升堂、入室、请益、巡寮、解结、念诵、送亡、唱衣等寺院活动作了说明。从本书结构看，可能是某僧为补足宗寿《入众日用》的不足而作，从而使其成为一部完整的清规著作，应出现于宗寿《入众日用》之后不久。从本书的内容编排来看，除其开头直接使用《入众日用》外，其他内容的选项与编排，则明显受到了《禅苑清规》的影响，与《禅苑清规》基本仿佛，有些章节，如结夏、解夏、沙弥受戒文等，更是直接照搬《禅苑清规》而来。自《入众日用》到《入众须知》，它们与《禅苑清规》的主要不同之处仅在于，《入众日用》和《入众须知》主要是从"入众"的角度创作的，因而取消了《禅苑清规》中与僧职相关的各节内容，其他内容则是对《禅苑清规》的改编或照用。《禅苑清规》对此二书的影响于此可见一斑。

此后咸淳十年（1274），金华后湖比丘惟勉制作了《丛林校定清规总要》二卷，一般称为《咸淳清规》。据惟勉此书后序，"丛林规范，百丈大智禅师已详，但时代寝远，后人有从简便，遂至循习，虽诸方或有不同，然亦未尝违其大节也。余处众时，往往见朋辈抄录《丛林日用清规》，互有亏阙。后因暇日，悉假诸本，参其异，存其同，而会焉。亲手缮写，颇为详备，目为《丛林校定清规总要》，厘为上下卷，庶便观览"。据此，《咸淳清规》是以一部名为《丛林日用清规》的著作为底本，参校其他清规著作而完成的。《丛林日用清规》应该是一种相当简便的清规著作，不同于《禅苑清规》，当时应该也比较流行，往往于诸寺之间互相转抄，出现错讹也就在所难免。同时，由于各寺情况不同，他们在抄写过程中往往故意增减，以适应本寺实际。惟勉有鉴于此，搜集诸本，会同存异，作成了《咸淳清规》。此清规的内容与《禅苑清规》大体相同，也是以寺院日常生活为题目设立章节，所设定的章节因而与《禅苑清规》有很多相同之处，但具体文字有所出入，所制礼仪间亦有所不同，但它们的总体精神是一致的。究其原因，正如惟勉在其序文中指出的那样，盖自《百丈清规》出现以来，禅宗的丛林制度已基本定型，虽时移事易，诸方或有不同，但其大节互不相违。因此，《咸淳清规》与《禅苑清规》的章节设立就有很大的相似性。另一方面，由于《咸淳清规》所用的是不同于《禅苑清规》的另一个底本，其具体的礼制细节也就与《禅苑清规》有所出入。这是可以想见的。

然而，《禅苑清规》对于《咸淳清规》的制作仍然发挥了重大影响，它是惟勉编集《咸淳清规》所用的重要参本之一。他在小字夹注引述的内容，许多就是从《禅苑清规》中直接转用过来的。如《禅苑清规》卷七"尊宿入院"一节说：

入院之法，新住持人……入院，于三门下烧香，当有法语。就僧堂前解包了，后架洗脚，入堂参圣僧。同参随大展三拜,巡堂一匝。维那请就位,触礼三拜挂搭。
《咸淳清规》小字夹注则说:

> 据《清规》载,新住持人入三门不解包,指(诣)三门有法语。次归旦过,濯足,先入僧堂挂搭,方入佛殿烧香。

> 据《清规》载,新住持人入堂烧香,参圣僧,同参随大展三拜,同巡堂一匝,维那就钵位,触礼三拜挂搭。

从以上文字可以看出,《咸淳清规》所指的"清规",实即《禅苑清规》。由此可知,《咸淳清规》在编集时是参考过《禅苑清规》的。

《咸淳清规》之后,庐山东林比丘壹咸又于至大三年(1310)集成了《禅林备用清规》十卷,一般称为《至大清规》。此书亦以寺院日常活动为题目分列章节,同时也将所设僧职列为题目,由千字文统一编排。就其内容来看,此书与《禅苑清规》相比有所增加,如圣节、祈祷等为国祈福的法事活动,达磨忌、百丈忌、诸祖忌、法嗣忌等纪念前辈僧人的法事活动。此外,所设的僧职也比《禅苑清规》有所增加。这些增加的内容至少说明:一、元代禅宗寺院的规模与宋代相比进一步扩大,原来所设的职务已不能满足寺院发展的要求;二、圣节、祈祷等为国祈福、为皇帝祈寿活动的增入,说明元代禅宗已在政治上主动向朝廷靠拢,争取朝廷的支持;三、诸祖忌、法嗣忌等活动的增入则说明,随着禅宗向全国发展,禅宗内部传法派系越来越不同,各寺院都开始重视、强调自己的法脉继承关系。这些都从侧面反映出了元代佛教的某些特点。

《至大清规》所涉及的禅寺礼制的范围，同《禅苑清规》相比也有许多相同之处，但其文字则有很大不同，应该说是与《禅苑清规》完全不同的另一部清规典籍。然而，此书与《禅苑清规》的关系还是比较明显的。比如，卷七之"百丈龟镜文"是《禅苑清规》"龟镜文"一节的直接抄录；"百丈规绳"一节则是《禅苑清规》"百丈规绳颂"的前一部分；卷十之"百丈沙弥受戒文"则是从《禅苑清规》的"沙弥受戒文"修改变化而来。由此可以推知，《至大清规》至少在编集过程中是参考过《禅苑清规》的，二者之间的关系由此可见一斑。

　　《至大清规》后，又有百丈山德辉禅师奉敕编成一部八卷本的新清规，目为《敕修百丈清规》。德辉重辑此书，是与元代统治者的支持分不开的。据欧阳玄所作《敕修百丈清规叙》，"天历、至顺间，文宗皇帝建大龙翔集庆寺于金陵。寺成，以十方僧居之，有旨行《百丈清规》。元统三年乙亥秋七月，今上皇帝（顺帝）申前朝之命，若曰近年丛林清规往往增损不一，于是特敕百丈山大智寿圣禅寺住持德辉重辑其为书，以期于归一，使遵行为常法"。这就是说，元代统治者对佛教是相当重视的，他们想用《百丈清规》为常法，推向全国丛林，统一寺院制度。而当时的清规，互相之间往往增损不一，内容不太相同。于是元顺帝命德辉重辑，并于书成后的至元二年（1336）宣谕，遍行全国丛林。由于这层关系，此书辑成后立即取代了《禅苑清规》等清规典籍，成为日后流行最广、影响最大的禅宗清规著作。

关于此书的编集，据德辉自述，"受命以来，旁求初本不见，惟宋崇宁真定赜公、咸淳金华勉公、逮国朝至大中东林咸公所集者为可采。于是会粹参同，而诠次之，繁者芟，讹者正，缺者补，互有得失者两存之，间以小注折衷，一不以己见妄有去取也"。由此看来，此书实际上是德辉改编、糅合宋宗赜的《禅苑清规》、惟勉的《咸淳清规》及壹咸的《至大清规》而成的，除文字略有改易外，主要内容与前三书的相关部分基本相同。就《禅苑清规》来讲，其卷七的大众章，无论是章节的编排，还是文字的叙述，都与《禅苑清规》的相关部分相仿佛，可以明显看出是从《禅苑清规》化来的，而"登坛受戒"、"护戒"、"坐禅仪"、"龟镜文"等节，更是原文照录于《禅苑清规》。可以说，《禅苑清规》对于《敕修百丈清规》编集的影响是极为重大的。

如上所述，《禅苑清规》一书对于日后出现的《入众日用》、《入众须知》、《咸淳清规》、《至大清规》、《敕修百丈清规》等丛林清规著作的编集刊行，都曾发生过重大影响，在宋元两代是其他清规著作所无法比拟的。只是到了元末以后，德辉的《敕修百丈清规》在元统治者的支持下编修完成并颁之全国，才开始取代了《禅苑清规》，成为元明之后流行的清规著作。《禅苑清规》的历史价值由此可见一斑。

此外，《禅苑清规》对于研究宋代佛教尤其是佛教寺院的发展，也具有极为重要的史料价值。比如，从它对沙弥出家受戒的一些规定中，可以看出宋代统治者管理佛教的一些办法，具体如鬻牒制度，我们可以从《禅苑清规》的一些说法中推见当时管理、发放、使用度牒时的一些具体情形。从《禅苑清规》各种僧职的设立，可以看出宋代禅宗寺院的发展规模、管理模式以及经济操作的一些实际情况，如此等等。尤其需要说明的是，从《禅苑清规》的记述中，我们还可以对宋代佛教禅净合一的发展趋势加以印证。我们可以看到，记述在《禅苑清规》中的许多寺院日常活动，大多与念佛、念诵等净土法门相结合，念诵时使用的偈颂韵文，更是直接采用了净土宗的往生说法。这表明，宋代禅宗与净土的结合，不仅仅表现在僧人的思想观念、言论著作中，同时也深入到了寺院的日常生活之内。从这个角度讲，《禅苑清规》就为我们研究宋代佛教提供了许多新材料，也为我们提供了一个新视角，无疑具有极为重要的史料价值。

概而言之，《禅苑清规》一方面对禅宗清规的发展起了至为重要的作用，其中的一些规定至今仍通行于佛教寺院之中；另一方面又为研究宋代佛教的政治、经济、寺院规模、僧众生活以及中国佛教的发展大势，都提供了许多第一手材料，具有重要的史料价值，理应引起佛教研究的足够重视。

主要参考书目

一、《重雕补注禅苑清规》（宗赜），日本《续藏经》本和日本金泽文库本。

二、《敕修百丈清规》（德辉），日本《续藏经》本。

三、《入众日用》（宗寿），日本《续藏经》本。

四、《入众须知》，日本《续藏经》本。

五、《丛林校定清规总要》（惟勉），日本《续藏经》本。

六、《禅林备用清规》（壹咸），日本《续藏经》本。

七、《幻住庵清规》（明本），日本《续藏经》本。

八、《丛林两序须知》（通容），日本《续藏经》本。

九、《缁门警训》，《大正藏》本。

十、《庐山莲宗宝鉴》，《大正藏》本。

十一、《龙舒增广净土文》，《大正藏》本。

十二、《乐邦文类》，《大正藏》本。

十三、《乐邦遗稿》，《大正藏》本。

十四、《高僧传合集》，上海古籍出版社。

十五、苏渊雷点校《五灯会元》，中华书局，1984。

十六、萧𣲘夫、吕有祥点校《古尊宿语录》,中华书局,1994。

十七、《佛道二藏子目引得》,上海古籍出版社,1984。

十八、任继愈主编《中国佛教史》第一、二、三卷,中国社会科学出版社。

十九、陈垣《释氏疑年录》,中华书局,1964。

二十、魏道儒《宋代禅宗文化》,中州古籍出版社。

二十一、日本忽滑谷快天《中国禅学思想史》,上海古籍出版社,1994。